书山有路勤为径,优质资源伴你行
注册世纪波学院会员,享精品图书增值服务

美太管理系列丛书

李华丰 ——— 著

打造
精益人效
体系

塑造企业的二次增长曲线

电子工业出版社
Publishing House of Electronics Industry
北京·BEIJING

未经许可，不得以任何方式复制或抄袭本书之部分或全部内容。

版权所有，侵权必究。

图书在版编目（CIP）数据

打造精益人效体系：塑造企业的二次增长曲线 / 李华丰著. —北京：电子工业出版社，2024.1

ISBN 978-7-121-46593-2

Ⅰ. ①打… Ⅱ. ①李… Ⅲ. ①企业管理 Ⅳ. ① F272

中国国家版本馆 CIP 数据核字（2023）第 210820 号

责任编辑：杨洪军
印　　刷：北京七彩京通数码快印有限公司
装　　订：北京七彩京通数码快印有限公司
出版发行：电子工业出版社
　　　　　北京市海淀区万寿路173信箱　　邮编100036
开　　本：720×1000　1/16　　印张：15.75　　字数：252千字
版　　次：2024年1月第1版
印　　次：2024年3月第3次印刷
定　　价：72.00元

凡所购买电子工业出版社图书有缺损问题，请向购买书店调换。若书店售缺，请与本社发行部联系，联系及邮购电话：（010）88254888，88258888。

质量投诉请发邮件至zlts@phei.com.cn，盗版侵权举报请发邮件至dbqq@phei.com.cn。

本书咨询联系方式：（010）88254199，sjb@phei.com.cn。

序

有效才是硬功夫

首先祝贺华丰的新书——《打造精益人效体系：塑造企业的二次增长曲线》出版！在收到华丰发来的新书书稿后，我一口气读完了全书，书中的理念、工具和案例，都对中国企业的人效提升有莫大的帮助。作为华丰的合作伙伴，我见证了美太咨询通过为数十家企业提供人效咨询服务后，给这些企业带来的效益。

正如华丰所说，人效并不是一个新概念，但在最近几年，"人效"一词却特别红火。我想"红火"的原因不外乎这几方面：第一，"潮水"退去，方见真面目。巴菲特有句名言，当潮水退去时才知道谁在裸泳。这就是说，当经济形势不那么好时，我们才会看到真相。中国在实行改革开放政策后，特别是加入WTO后的那些年，中国的经济高速发展，很多企业也搭上了这个快车迅猛发展，但高增长也掩盖了许多问题，特别是大而不强的问题。举个例子来说，前些年，无论是企业，还是媒体，都特别关注世界500强榜单，关注有多少中国企业上榜。所谓"世界500强"，其实不是一个准确的概念，比如，世界500强是以销售收入为依据进行的排名。销售收入高，不见得强。像恒大，曾经年销售收入达到4000多亿元，也曾被列入世界500强，但现在突然倒了，由此看来，大不一定强。所以，现在就有一些企业提出，一定要先做强，再做大。第二，从重量到重质是必经之路，也是客观规律。在2023年世界500强排行榜中，有个值得注意的现象是，上榜的中国企业盈利不仅连美国的一半都不到，更不及排行榜的平均水平（全榜单500家企业的平均利润为58亿美元；美国上榜企业平均利润是80亿美元，而中国上榜企业平均利润仅为39亿美元），也就是说，中国虽然有不少企业被列入世界500强，但它们的盈利能力并不强；如果讲人效，有些企业与国际先进企业差距更大。为此，中国企业需要从重量到重质，从看重企业的销售收入到看重企业的盈利能力；从靠人力到靠人效，只有这样才能符合可持续发展的要求，才会有利于企业自身发展。第三，人效契合了企业新的增长需要。无论是我上面所说的潮水退去，还是量变到质变，企业在经历了一定的发展阶段后，需要根据环境、社会、技术等发展情况来调整自己的管理方式。比如，早在2005年，海尔就启动了人单合一的管理模式。所谓"人单合一"，就是将员工与怎么为用户创造价值结合起来。海尔为什么要做这样的转型？我相信海尔看到了不转型就不可持续发展这样的结局。为此，在海尔，他们明确了员工是为了能够为用户创造价值而存在的，如果有员工创造不了价值或创造的价值不高，企业将不能容忍这样的员工存在。这些年，作为企业顾问，我也为一些企业做了转型咨询服务。一家民营企业，之前主要为外贸企业做代工，好的时候一年销售收入4亿~5亿元，靠转包和养着几百号员工赚了不少钱。虽然人均收入、人均利润也不算高，但赚的利润总量还不少，老板一直为有这么好赚的生意感到自豪。但自疫情开始，外贸加工量急剧滑坡，老板看到危机，于是请我去帮他们做诊断，希望推出激励措施来挽救倒退的局面。在帮他们做了诊断后，他们才意识到人效的重要性。后来采取的措施必然是，调整组织结构、重新核定人员、培训员工提升能力、优化流程、采用人单合一的激励措施。目前这个企业算是活下来了，不然就像他们说的，倒闭、关门是必然的。

人效红了，但人效提升怎么做？显然需要方法论。阅读本书，可以欣慰地发现，作者在书中为有需要提升人效的企业提供了一系列方法、工具，包括战略规划和人效提升21要素。可以这样说，当你阅读完本书时，你一定能为你的企业或者你的客户提升人效找到方法。

再次祝贺华丰的新书出版，让各类企业真正走上有质量的发展之路！

——钱国新

上海美太道合管理咨询有限公司联合创始人

法国里昂商学院人力资源与组织创新中心副主任

西交利物浦大学客座教授、华东师范大学MBA导师、

上海财经大学导师

赞誉

作为一家民营企业，在经历了企业快速发展的同时，如今也面临着企业转型升级，二次创业的关键阶段。在当前中国大环境下，如何实现企业穿越周期，对抗脆弱，由过去以量为王的粗放式管理，向提高人效的精益化管理方向转变？《打造精益人效体系：塑造企业的二次增长曲线》为我们提供了一套全域视角下的人效管理工具，帮助企业实现人效体系建设体系化和全域化，是企业平稳转型可持续发展的利器。

——陈丽琼

同药集团总经理

认识华丰十年有余，收到新书《打造精益人效体系：塑造企业的二次增长曲线》，颇感惊喜。本书是华丰20多年行业实践和咨询的智慧结晶。在当前的经济环境下，追求组织人效是企业重要的竞争策略。本书从商业、组织和人才三大维度，系统阐述了理念、方法、举措和案例，非常应景，非常具有可操作性，相信对企业管理者大有裨益。

——吴胜涛

京东集团人力资源副总裁

本书作者是一位经验丰富的企业管理咨询专家，对精益管理有着深刻的理解和独到的见解，20多年来为数十家知名企业提供过咨询服务，在大量的实践中总结出一套切实可行的提升企业人效的方法。本书不仅提供了详尽丰富的案例，而且针对不同行业、不同性质、不同规模的企业提供了实用的人效提升的工具和方法，让大家眼前一亮。

——方维慧

前美世中国有限公司广州分公司总经理

我于2019年6月与华丰老师结识，当时他正在为我们公司提供目标管理的辅导服务。他对组织管理有着全面而深入的理解，并且拥有丰富的实战经验。他能够快速识别我们公司管理中存在的问题，并给出有效的建议和思维工具，为公司升级提供了重要的指引。通过这次合作，我们不仅建立了良好的合作关系，还成了好朋友。

我非常高兴看到华丰老师出版了《打造精益人效体系：塑造企业的二次增长曲线》这本书。这本书是他20多年人效管理咨询经验的总结，在明确人效经营意义的基础上，提供了系统的人效管理方法，为企业导入人效管理提供了明确的方向和路径。书中的内容朴实、通透，干货满满，让人受益匪浅。它是一本值得反复阅读的好书。

——万其美

视源股份人力资源黑带专家

很高兴华丰老师这本关于人效研究的专著即将付梓出版。近几年，他投入了大量时间，为诸多企业完成了以提升人效为目的的咨询项目。敬佩华丰老师能在实操的同时，把咨询过程中积累的经验和新得总结出来写就成书。面临当前宏观经济出现的困难，企业管理者如果能很好地将华丰老师在这本专著里论述的方法和举措落实到企业的运营管理中，就一定能从一个新的角度切入，找到新的业务增长曲线。

——潘蒂

独立投资人

泰越资本合伙人

上海美太道合管理咨询有限公司联合创始人

迈瑞医疗及沃尔沃汽车中国区前人力资源负责人

前言

"人效"（人力资源效能）并不是一个新概念，而是近几年非常流行的一个词语。大概在三年前，有客户找我做"人效提升"的咨询服务，这对于我这个有20多年咨询经验的咨询老兵来说，还是第一次。从此，人效咨询需求就一发不可收拾，到本书撰稿结束时，我们已经为十几个行业的数十家企业提供了人效咨询服务。

人效咨询需求的迸发不仅反映了人们对于人力成本、人力投产比的关注度在提升，也反映了企业逐步由关注外部转向关注内外均衡，由关注高速增长转向关注修炼内功。从美太咨询人效调研问卷的结论来看，超过九成的企业在2023年开始关注"人效"这一话题，超过七成的企业将"人效"作为2023年的关键工作任务，并设立了人效提升目标。

其中，一小部分企业会很理性地看待人效话题，并将其作为一项长期的、有规划的、战略性的工作任务来开展。大部分企业则简单粗暴地处理人效问题，通过直接的裁员、降薪、控编等手段来解决人效问题——这种粗暴的手段，通常会对很多原本经营存在困难的企业造成二次伤害，削弱企业竞争力，降低企业未来复苏的可能性。

从我们不断积累的人效体系建设的咨询经验来看，企业内影响人效的因素非常多。表面来看，包括岗位、编制、薪酬、人力成本等影响因素，而更深层次的影响因素可能来源于组织设计的不合理、流程

打造精益人效体系
塑造企业的二次增长曲线

的低效、资源的浪费，甚至与企业的产品组合、销售模式、商业逻辑等因素相关。而这些深层次的影响因素往往是不容易被诊断和察觉的，却又是更加关键的影响因素。于是，我们整理了一套全域视角下的人效管理工具，包括商业、组织、人才三大维度，共21个要素（见图0-1），帮助企业和管理者从全域视角看待人效问题。

商业	1.商业模式	4.标准品/定制化/平台转化
	2.销售模式	5.规模效应/范围经济
	3.客户关系	
组织	1.组织扁平化、岗位合并	6.管理决策效率与质量
	2.流程优化	7.工作分析
	3.资源共享	8.编制管理
	4.信息工具	9.经验萃取和外部对标
	5.授权与风控体系	
人才	1.人才结构	5.人才培养与发展
	2.关键人才配置	6.人力成本结构
	3.薪酬成本控制	7.文化管理
	4.制度成本控制	

图0-1　人效管理的21个要素

另外，我们还发现，通常在不同企业造成人效低下的原因是不同的。例如，现在与我们合作的两家医药企业，虽然所在行业相关，规模也相当，但是其中一家企业的人效问题主要来源于机构的臃肿、官僚主义、流程复杂等因素，另一家企业则更多地依赖人治，缺乏科学管理，缺少经验萃取，核心资源的利用效率也不高。而且，即便两家企业都在流程方面存在低效问题，流程低效的原因也可能不尽相同。

通常，国企的流程一般是因为审批环节太多而导致流程低效，而民企的流程缺乏授权，企业决策权过于集中，而导致流程低效。因此，本书的内容也期望帮助读者掌握人效诊断的工具和提高定制化解决人效问题的能力，从根本上改善企业人效。

从我们与客户合作的经验来看，我们合作过的客户已经注意到，人效体系建设是一项长期的工作，一项可以持续改善、持续提升竞争力的工作。这就跟人们减肥一样，不能只依赖快速吃减肥药物，更重要的是，养成长期的饮食、休息、健康、工作等习惯。针对企业的人效提升，从中长期来看企业也需要建立人效的制度、流程、行为习惯和文化，甚至要建立人效的数据管理模型和数据系统，这样才能使人效数据长期保持在合理范围内，形成企业竞争力。

人效体系建设可以看作中国企业高增长周期的一个终点标志，同时也可以看作中国企业转型升级、关注高质量发展的一个起点标志。这完全取决于企业家、管理者对于人效的认知和态度。本书期望能够帮助读者全面、系统、客观地认知人效体系建设的思路、框架和工具方法，帮助中国企业平稳度过转型期，向下一次高速发展迈进。

本书的成书，首先特别感谢我们的客户为我们提供了大量的实证案例（具体咨询内容都已经过脱敏处理），帮助我们将人效体系建设的流程、方法体系化、全域化，同时也感谢美太咨询的顾问，他们完成了大部分书稿的撰写工作。我们相信本书的价值不会只局限于书中的文字内容，更重要的是，帮助中国企业重拾发展信心，实现完美转型。

作者

2023年7月1日于广州

目录

第一篇
全域视角下的人效体系建设框架

第一章 存量竞争时代绕不开的人效话题 / 002

第一节 为什么人效管理越来越重要 / 003

第二节 中国企业野蛮成长后的第二曲线 / 020

第三节 提升人效的本质是提升企业竞争力 / 025

第四节 全域视角下的人效体系建设整体框架 / 032

第二章 人效提升的前提是对人才分类 / 035

第一节 从战略推导关键竞争力，从竞争力识别关键人才 / 037

第二节 关键人才如何提升人效 / 042

第三节 团队型人才如何提升人效 / 045

第四节 高性价比人才如何提升人效 / 048

第五节 高执行力人才如何提升人效 / 050

第三章　制定人效体系建设规划　/ 053

第一节　人效提升从人效诊断开始　/ 055

第二节　人效指标地图指引人效提升的路径　/ 069

第三节　由浅入深建立长周期的人效体系建设规划　/ 074

第二篇
人效提升的21个要素和配套工具

第四章　将人效优化与商业模式链接　/ 082

第一节　影响人效的第一要素——商业模式　/ 085

第二节　直销还是分销，人效大不相同——销售模式　/ 094

第三节　黏住客户可以快速提升人效——客户关系　/ 097

第四节　卖什么给客户决定了人效的等级——交付物　/ 102

第五节　从规模效应和范围经济视角提升人效——财务　/ 106

第五章　将人效优化与组织管理链接　/ 112

第一节　通过组织扁平化和职能整合来提升人效　/ 114

第二节　挤出流程中的冗余和泡沫　/ 120

第三节　通过核心资源的利用和开发来提升人效　/ 124

第四节　高效利用自动化智能工具　/ 140

第五节　通过授权和风控体系建设来提升人效　/ 143

第六节　通过提高决策质量和效率来降低决策损耗　/ 149

第七节　通过工作分析来减少人力资源浪费　/ 153

第八节　通过编制管理来控制人效　/ 156

第九节　通过将个人经验转化成组织经验来提升人效　/ 160

第六章　将人效优化与人才管理链接　/ 168

第一节　通过保持合理的人才结构达成人效目标　/ 170

第二节　确保关键人才配置合理，避免造成用人损耗　/ 174

第三节　通过调薪降低薪酬负担　/ 178

第四节　通过减少最易忽略的制度成本来提升人效　/ 181

第五节　提高人才培训的投入产出　/ 185

第六节　通过优化人力成本结构来提升人效　/ 188

第七节　强化文化管理，持续提升人效　/ 190

第三篇
人效体系的落地实践

第七章　人效体系落地举措　/ 194

第一节　落地举措一：统一人效管理理念和目标　/ 197

第二节　落地举措二：构建人效提升的激励评价机制　/ 208

第三节　落地举措三：建立人效指标的持续优化机制　/ 210

第四节　落地举措四：综合运用情理法处理员工关系　/ 217

第五节　落地举措五：应用组织行为大数据　/ 228

第一篇

全域视角下的
人效体系建设框架

第一章

存量竞争时代绕不开的人效话题

第一节
为什么人效管理越来越重要

改革开放以来，在全球化、城镇化和人口红利的推动下，中国企业在规模化、快速扩张、高速增长的路上飞速前行。与高增长相比，人效只是少数企业关心的话题。然而，过去驱动中国企业高速发展的几大核心因素正逐渐发生变化。

从宏观来看，新冠疫情和俄乌冲突加速了逆全球化进程，区域化、阵营化竞争手段正取代以往的市场化竞争；中国的城镇化高速增长进程渐近尾声，钢铁、水泥、煤炭、重卡运输、工程机械、有色、建材等行业都将面临产能过剩的风险；人口红利也无法持续，在劳动力总量逐渐减少的同时，劳动力年龄结构也在不断老化。在多种因素的共同作用下，中国经济的发展模式将发生根本性改变，从规模速度型向质量效率型转变。

从中观来看，大多数行业已经达到饱和阶段，开始极度内卷，没有竞争力的企业生存困难，人力成本持续增加。统计数据显示，内卷程度越高的行业，企业的亏损率越高，企业必须改变过去以量为王的粗放的管理方式，向提高人效的精益化管理方向发展。

从微观来看，企业家的管理认知升级，企业的用人理念逐渐趋于少而精，自动化和人工智能技术的发展使得大量重复性工作岗位面临被取代的风险，这些都为企业提供了精细化管理的空间。

在不确定的环境下，人效成为检验企业健康度的重要指标。作为衡量人的投入产出比，人效不仅反映了企业的人力资源管理情况，也反映了企业整体运营能力和资源配置效率。《2022年企业人效管理白皮书》的调研数据显示，69.9%的企业将人效提升作为紧急事项，69.2%的企业负责人将人效作为关键任务推动，53.3%的企业将人效提升设为年度目标。在经济进入新常态的当下，致力于长期可持续发展的企业都将人效管理作为企业发展的重中之重。

一、宏观层面

（一）逆全球化

中国改革开放40多年，真正开启迅猛发展的是在2001年加入世界贸易组织之后。

经济学人智库全球贸易首席分析师马志昂（Nick Marro）表示，加入世界贸易组织后，中国经济的关键领域引入了市场竞争，使中国产业结构改善，特别是外国投资，带来了资本和技术，推动了劳动效率提高和经济增长。反过来，这些增长也提高了政府税收和家庭收支，并支持了技术创新。

中国通过承接发达国家的中低端制造业，全面融入全球经济，造就了中国在区域和全球产业链中的重要地位。自2001年到2020年，中国GDP增长了8倍，成为世界第二大经济体，占世界经济比重从2001年4%增至2020年的17.4%，中国的货物出口增长了7倍多，成为第一大货物贸易国，利用外资稳居发展中国家首位，创造了世界经济发展历程中的中国奇迹。既然是奇迹，就说明不是常态，早晚会过去。

瑞士联邦苏黎世理工学院经济研究所发布的KOF（瑞士经济研究所）全球化指数表明，在2007年和2008年，也就是上次国际金融危机，全球化已经进入停滞状态。贸易和金融全球化指数基本在上次金融危机之前达到了顶峰，之后没有再继续全球化。

2008年金融危机爆发后，世界经济复苏无力，需求不振使得自由贸易对全球经济增长的作用减弱，发达国家经济增长普遍乏力，导致少数发达国家政府和部分阶层无法正视中国的经济崛起，将中国加入世界贸易组织与本国的就业、制造业竞争力和传统产业向海外转移的冲击联系在一起，认为新兴市场国家才是全球化的最大受益者，因此主动加速全球化进程。

近年来，世界范围内的逆全球化浪潮伴随着保守主义、民粹主义等形式汹涌而来，严重冲击了全球经济和产业链。越来越多的经济体在考虑经济效率的同时，更多地将追求产业安全、自主可控作为产业链布局的首要考虑标准。

美国通过主导签订《美墨加协定》、成立"欧盟-美国贸易和技术委员会"、与盟友建立"矿产安全伙伴关系"、组织"全球供应链弹性峰会"、组建美日澳印供应链联盟、举办"美国-东盟特别峰会"等措施，试图建立以美国为中心的全球供应链体系。为抢占区域合作战略先机，日本积极推动CPTPP（全面与进步跨太平洋伙伴关系协定）并于2018年成功签署该协定且迅速生效。

新冠疫情和俄乌冲突也加速了逆全球化进程，发展中国家也开始出现反对全球化的声音。这使得过去几十年积累的国际贸易和供应链体系遭到了沉重的打击，世界贸易组织面临诸多挑战，上诉机构停摆，争端解决机制陷入瘫痪，大国之间对供应链主导权的争夺进入白热化阶段，区域化、阵营化竞争手段正取代以往的市场化竞争。

逆全球化带给中国实体产业的不利因素主要有两个方面：

一方面，随着中国劳动力成本失去国际竞争优势，在2018年特朗普上台发动中美贸易战之后，中国的玩具、箱包、纺织服装等劳动密集型商品在美国的市场份额明显下降。这意味着其他国家在美国的市场份额在上升，取代了中国商品，在中低端制造业已经形成了"去中国化"的趋势。

另一方面，中国新一代信息技术、人工智能、生物技术、新能源、新材料、高端装备等高端制造和先进制造领域在全球产业链中处于中低端位置，一些关键核心技术、关键材料、工业软件、关键零部件被卡脖子，供应链存在"安全隐患"，面临被少数发达国家"精准脱钩"的风险。

（二）中国城镇化高速增长进程渐近尾声

诺贝尔经济学奖得主、美国经济学家斯蒂格利茨曾指出："21世纪对世界影响最大的两件事，一是中国的城镇化，二是美国的高科技产业。"

1949—2021年中国城镇化率如图1-1所示。

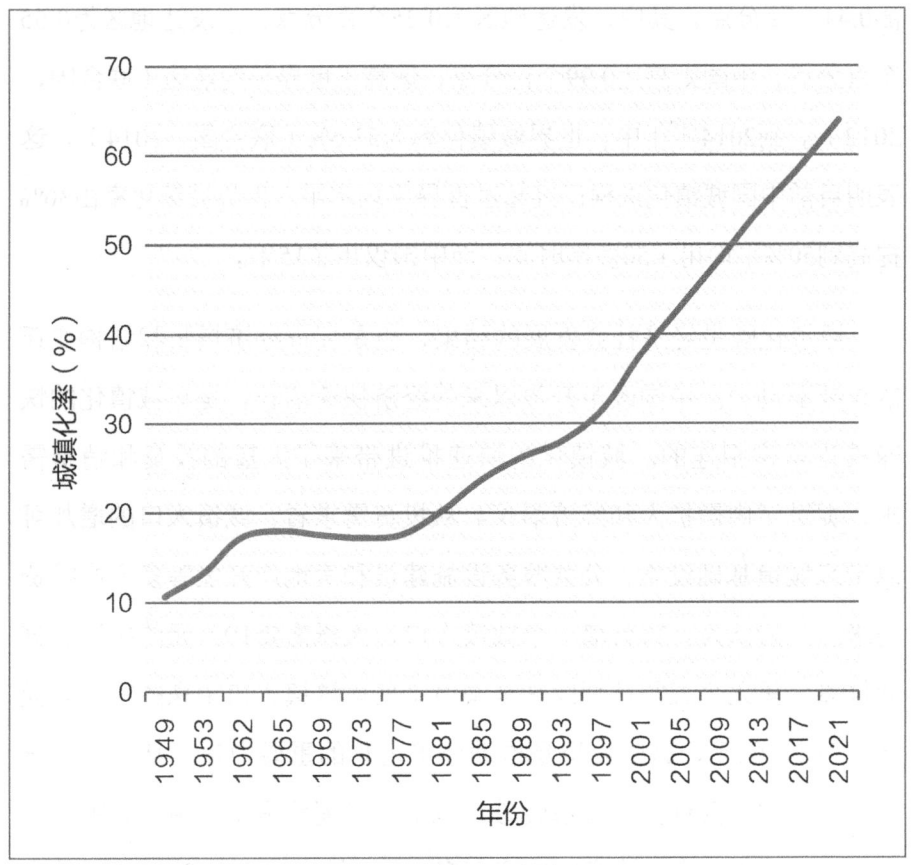

图1-1　1949—2021年中国城镇化率

相较而言，中国城镇化的起点低，1980年城镇化率仅有19.4%，比世界平均水平低20.0个百分点，比欠发达地区还低10.1个百分点。从1978年到2013年，中国城镇人口由1.72亿人增加到7.31亿人，城镇化率由17.92%提高到53.73%，平均每年提高1.02个百分点，新增城镇人口1596万人。尤其是第九个五年计划以来，各时期城镇化率年均提高幅度都在1.25个百分点以上，年均新增城镇人口都超过2000万人，这种速度和规模在世界上都是罕见的。1981—2010年，世界城镇化率年均提高0.41个百分点，其中，发达地区为0.25个百分点，欠发达地区为0.55个百分点，中国则高达0.99个百分点，远高于世界平均增速（联合国，2012）。到2014年年中，世界城镇化率为53.6%（联合国，2014），这表明目前中国城镇化进程已经超过世界平均水平。世界城镇化率由30%提高到50%平均用了50多年时间，而中国仅用了15年。

城镇化既是经济社会发展的结果，也是促进经济增长和结构变迁的重要驱动力。中国改革开放以来的经济快速增长，是与城镇化的快速推进紧密相连的。城镇化的快速推进带来了大量的投资和消费需求，促进了内需扩大和经济增长。从投资需求看，城镇人口的增加可以带来城镇基础设施、公共服务设施建设和房地产开发等多方面投资需求。一般认为，每新增一个城镇人口，大概需要10万元的投资。据此推算，第九个五年计划以来全国每年新增城镇人口带来的投资规模将超过2万亿元，这些投资是推动经济增长的重要力量。从消费需求看，大量农村劳动力向城镇转移，也扩大了消费需求。中国城镇化率每提高一个百分点，将有1000多万名农民进入城镇，而2013年城镇居民的消费水平是农村居民的3.1倍，由此明显拉动了最终消费增长。同时，中国的城镇化还加速了人力资本积累，促进了技术创新和生产率提高，推动了产业结构优化升级。而大量农村劳动力从第一产业向第二、第三产业转移，也有力促进了中国经济增长。据研究，劳动力部门转移对中国GDP增长的贡献为16%~20%。此外，中国城镇化的快速推进还促进了基本公共服务的改善和城乡发展差距的缩小。

可以说，城镇化是推动中国经济高速狂奔的最大动力之一。然而，问题也逐渐浮现：2021年新增城镇人口，相比2020年只有1205万人，是1996年以来的最低值；城镇化率只上升了0.83个百分点，也是1996年以来，城镇化率增速首次低于一个百分点。

无论从需求侧的人口变化来看，还是从供给侧的城市建成区的增长来看，都可以得出相同的结论：中国城镇化的高速增长时代渐近尾声。

如果以常住人口来衡量，我国城镇化率从2000年的36%增长至2020年的65%，对比发达国家的75%~80%，就中国国情而言，参考下限好像还有10%的发展空间，然而从更能反映城镇化真实水平的城市建成区面积来看，已经足以容纳12亿城市人口，就算只有10亿人常住城市，如果按14亿总人口计算，城市建成区已完全满足70%城镇化率的需求。按照描述城镇化规律的诺瑟姆曲线，城镇化率达到70%是城镇化的一个转折点。2020年我国城镇化率已经达到63.9%，按每年1.2个百分点的增速计算，2025年将达到城镇化率70%的拐点，城镇化进程会放缓。

城镇化对基建、房地产对钢铁、水泥、煤炭、重卡运输、工程机械、有色、建材等方面的拉动具有一次性的释放特征。一旦城镇化进入中后期，这些行业需求将出现"塌陷"，相关行业会出现长期性的

"冰河期"。城镇化拉动使几乎所有行业产能接近最大化，而城镇化进入中后期，大多数行业将面临产能过剩，低端产能淘汰过程是漫长而残酷的。

（三）人口红利消失

提及人口红利，人们常常会将其与人口总量相联系，然而这是一个小误区。在经济学中，人口红利是指"一个国家的劳动年龄人口占总人口比重较大，抚养率比较低，为经济发展创造了有利的人口条件，整个国家的经济呈高储蓄、高投资和高增长的局面"。因此，人口红利与劳动年龄人口占比息息相关。

人口红利是过去中国经济保持高速增长的一个重要因素，改革开放后，中国依靠庞大、适龄且相对廉价的劳动力资源，与国际资本和全球市场相结合，形成了劳动力丰富、抚养负担轻的"黄金时期"，才使高储蓄、高投资和高增长的环境孵化了其他红利。

从2006年开始，最先从珠三角开始，我国沿海地区开始出现"民工荒"，之后这一现象不但没有得到缓解，反而向中西部和北方内陆蔓延，从暂时的缺工变成了长期的趋势，中国的劳动力不再是取之不竭的了。

关于人口红利，可以注意几个时间点：一是适龄劳动人口占比最高点是2010年，之后就一直在下降；二是适龄劳动人口绝对数量最高点是2015年，之后也开始下降。所以，严格来说"人口红利"已经结束是不争的事实。

根据第七次全国人口普查数据，2020年中国人口达14.1亿人，出生人口较2019年减少260万人，下降18%，65岁以上人口占比达13.5%。老龄化、少子化、不婚化三大趋势加速到来。三大趋势将进一步加速适龄劳动人口下降，劳动力无限供给阶段结束，劳动力成本进入上升通道；老年人口的迅速增加以及劳动年龄人口的快速减少，成为推动抚养比上升的主要因素，也是导致储蓄率下行的重要推手，储蓄率下行也会影响投资和资本存量的积累。

2021年6月26日中共中央和国务院印发的《中共中央 国务院关于优化生育政策促进人口长期均衡发展的决定》指出："预计'十四五'期间我国人口将进入中度老龄化阶段，2035年前后进入重度老龄化阶段，将对经济运行全领域、社会建设各环节、社会文化多方面产生深远影响。"这一论断意味着改革开放以来我国经济增长主要驱动力之一的充裕劳动力优势禀赋正在丧失，人口红利窗口期逐步关闭，人口红利期享受的劳动力资源"资产"正逐步转变为人口老龄化时期高抚养人口"负债"。

从人口红利期转入人口负债期，人口总量缩减是必然趋势，由于人作为生产者和消费者的统一体，人口负增长必然对社会生产与消费形成负向冲击。除了劳动力总量减少，劳动力年龄结构也在不断老化，中国人口年龄中位数已从改革开放初期1980年的21.9岁上升至2020年的38.4岁，中国人口年龄中位数已经逼近主要发达国家，远高于发展中国家平均水平。因此，中国人口转型的结构负债特征已经较为明显，特别是在未富先老的情况下，如何在迈向富裕道路上平滑人口结构负债的冲击，顺利实现从"资产"型人口向"负债"型人口转变，也是新发展阶段要解决的重要议题。

当全球化、城镇化、人口红利等原有的驱动中国经济发展的因素逐步消失甚至走向其反面时，原有的经济发展方式必将不可持续。2017年党的十九大首次提出高质量发展，表明中国经济由高速增长阶段转向高质量发展阶段，这也意味着经济发展模式将发生根本性的改变，从规模速度型向质量效率型转变。

二、中观因素

要说近年什么词汇在经济界、管理界和网络世界同步火出圈，"内卷"独占鳌头，从开始的网络调侃词语变成了如今各行各业的常用词。社会在进步，时代在发展，一个显著的表现就是信息的爆炸式增长及人与人之间的联系越加紧密，要想在这样一个时代里存活下去极少可能脱离信息与社会联系带来的压迫和推动。当一个行业或者群体发展受限，内部生态、发展态势到达一定阶段的最终形态而又无法破局，内部开始"自发"或"被自愿"地以非理性竞争来争夺有限资源，内卷局面就这么形成且积非成是了。

大多数行业已经达到饱和阶段，开始极度内卷，集中度增加，没有竞争力的企业生存困难，人力成本持续增加。"如果某个行业中亏损公司占比很高，就说明该行业的发展遇到了困难，如果行业中很大比例的公司难以盈利，就可以认为这个行业非常'内卷'。亏损的公司占比越大，行业就越卷。"《财经十一人》就曾做过一个2022年行业内卷度排行，将内卷度定义为0%~100%，越接近100%行业内卷程度越高。内卷程度为0%，意味着行业中所有上市公司的营业利润都为正，这说明行业比较景气。根据排名结果，内卷程度排名前五的行业是：房地产100%+、景区100%、航空机场78.6%、陶瓷75%、养猪养鸡72%。

从各行业上市公司披露的财报中我们也能看出，内卷程度越高的行业，企业的亏损率越高，景区行业的上市公司甚至已经是全部亏损的状态，而卷王房地产，流动性困难、债务违约等现象在全国性大型民营房企中司空见惯，恒大事件和关于许家印的各类谣言就是房地产行业内卷到极致的一个缩影。同时，行业内部玩家也随着内卷的延伸强行洗牌，没有核心技术、核心壁垒的玩家也逐渐被淘汰出局。清华大学数据统计，光2022年上半年就有46万家企业倒闭，310万个个体户注销，行业集中度也随之增加。

近年来，美太咨询有幸与某日用陶瓷公司进行人效提升项目的合作，也对陶瓷行业的发展情况有了更加近距离的接触。下面我们以陶瓷行业为例来看看行业内卷对企业的损害有多大。

总的来看，陶瓷行业内卷有三点原因：第一，陶瓷行业与房地产行业息息相关。近几年来，房地产公司违约风险扩大，很多陶瓷公司主动收缩有风险的订单。2023年上半年，受房地产行业下行和调控的影响，陆续有房地产企业出现公开债务违约的情况。作为上游企业，陶瓷公司被卷入其中，多家上市陶瓷公司对房地产企业计提了信用减值损失。相关数据统计，2022年以来5家陶瓷公司已针对多家房地产企业计提了34.8亿元的信用减值损失。

第二，部分房地产企业流动性出现问题，债务违约导致许多陶瓷公司的信用减值损失增大。由于房地产企业信用风险增加，预期违约风险扩大。基于风险防控，不少陶瓷公司对精装房工程业务采取谨慎策略，主动收缩风险较大的房地产客户订单。例如，蒙娜丽莎、东鹏控股、帝欧家居等上市陶瓷公司都在2022年半年报中提及了主动收缩风险订单的战略。对于相当依赖房地产工程业务的陶瓷公司而言，这一动作无异于"割肉止损"，然而也极大地影响了上半年企业的整体营业收入。

第三，能源及部分原材料价格持续高位运行。陶瓷公司营业成本不断上升，毛利率连年下滑。数据显示，陶瓷行业3家上市陶瓷公司2021年的瓷砖板块的毛利率维持在25%~31%，然而2022年上半年有的陶瓷公司已经跌至15%左右。国内日用陶瓷公司以内资企业为主，中小企业占绝大部分，企业分散，单个企业规模偏小，技术水平不高，缺乏品牌意识，竞争形式主要表现为产品价格的竞争，原料成本的上升对以价格战为核心的企业来说无疑是雪上加霜。而中高档市场主要通过品牌、设计及质量等进行竞争，新工艺、新花色一出，全行业都跟风，品质差不多价格来拼，导致新产品一出没过几个月就要降价，降到成本红线也要卖。2020年以来，陶瓷行业因为"价格战"而逐渐被"做烂"的产品有星钻釉瓷砖、岩板、750mm×1500mm规格瓷砖，包括2022年很火的素色砖也深陷其中。瓷砖越来越不赚钱、毛利率越来越低不仅是因为成本高位运行，更是因为陶瓷公司不恰当的产品价格规划。

除此之外，短期内还将面临环保政策加码、投资门槛升级等因素的挑战。受国家节能环保政策的影响，陶瓷行业的发展模式从过去以"量增长"为主转向"调整优化存量、做优做强增量"并存。未来陶瓷行业以品牌、质量、服务、技术和设计创新为核心的内涵式、创新性发展成为主导，在技术、研发上的投入比拼可能会成为龙头企业的下一个内卷之地。

陶瓷行业是内卷度高的行业的一个缩影。对于这些行业的企业来说，改变过去粗放的增长模式、进行精益化的人力管理已经成为企业发展的重中之重。

三、微观因素

改革开放40多年来，随着市场化改革的不断深入和全球化的积极推进，现代企业制度逐步建立并不断完善，企业营商环境和企业家成长环境持续改善。越来越多的海归开始回国就业，企业家和管理者在跨文化交流、语言沟通和国际化经营等方面的素质显著提升。

新一代员工的工作理念和过去也有显著差别，BOSS直聘发布的《00后群体就业选择偏好调研报告》显示，相比"90后"和"85后"，"00后"更关注友好的工作氛围、宜居的城市环境，对二三线工作城市的青睐明显上涨。在具体薪酬福利上，不同代际人群对钱多（工资/奖金/保障高）、事少（假期多、加班少）、离家近（通勤短）的关注度也有差异。"00后"对工资和奖金的重视度低于非"00后"，对保险与公积金等就业保障关注度也不高，甚至低于平均值22个百分点。相应来说，"00后"更看重工作与生活的平衡，对假期充足度、加班程度、通勤距离都格外关注，对远程工作和灵活就业的接受程度更高。

企业的用人理念逐渐趋于少而精。微软首席技术总监梅耶沃德曾说："顶级软件开发人员比一般软件开发人员的生产力不是高出10倍或100倍，而是高出1000倍甚至10000倍。"在存量竞争的大环境下，越来越多的企业希望通过精准识别和培养人才，将有限的资源投入最需要的地方，以提高企业的效率和竞争力。

自动化和人工智能的发展使得大量重复性工作岗位面临被替代的风险，但每一次传统工作模式的颠覆，都会在淘汰掉原有落后工作岗位的同时创造新的工作机会。很多时候这种变化是在潜移默化中进行的。以人力资源行业中越来越普遍的人力资源共享服务中心为例来说明一下这种情况。

人力资源共享服务中心是指企业集团将各业务单元所有与人力资源管理有关的行政性事务工作（如员工招聘、薪酬福利核算与发放、合同档案管理等）集中起来，建立一个服务中心。据推测，到2030年，由人力资源管理开拓者戴夫·尤里奇（Dave Ulrich）于20世纪90年代提出的人力资源三支柱模型将坍塌。而带来这一趋势的，是由RPA（机器人流程自动化）与AI（人工智能）技术给人力资源共享服务中心带来的无人化冲击。据麻省理工学院《斯隆管理评论》的不完全统计，采用RPA替代更为简单的人工例行任务正在快速增长，全球年度增长率约为64%。这表明越来越多的企业正在布局此项技术。不只是国外，国内也有一些企业成功实现了人力资源共享服务中心的技术化转型。例如，京东集团在人力资源共享服务中心转型方面已经走在了前端。其智能问答机器人JIMI的诞生是京东人力资源共享服务中心一项非常具有代表性的创新实践。JIMI的上线成功实现了问询覆盖率的95%，其提供的7天×24小时全方位无间断人力资源问询服务极大降低了热线电话的接线人力成本。

VUCA时代，企业与员工的合作形式，从原来比较单一的合同雇佣形式，演变为包括全职、兼职、合资、合同工、劳务派遣、自由职业者、零工、众包工等多种形式。"零工""众包工"等陌生的劳动力名称出现了。企业组织形态也正在发生变化，原来那种科层式的、纵向的、垂直的、职能式的乃至分布式的组织，都在慢慢消失，取而代之的是一种新型的组织模型，如网络组织、圈层组织、平台组织以及团组组织。

人才的微观环境正在发生显著变化，数字化技术将人从重复性劳动中解放出来，为企业提供了精细化管理的空间。企业可以通过关注人效来挖掘员工潜能，为企业可持续发展提供有力抓手。

四、精益化管理是企业的必由之路

后疫情时代，中国企业面临的挑战更为复杂多样，既要求生存"活下来"，又要"谋增长""活得好"。过往依靠"数量增长"的盈利模式已经难以为继，企业需要在战略、增长方式、管理模式和文化建设上都做出调整。

国内过去的人力资源管理大多以流程为基础开展事务性人力支

持，或者以基于人力资源六大模块、三支柱等专业职能领域分类开展专项服务。大多依赖成熟的工具和理论，在企业内部科学管理、规范化管理问题，将大部分的流程机制固化后便于企业快速复制，提升企业管理效率。在这个阶段，企业的人力资源管理是救火式的甚至是盲目的，外部的最佳实践可能成为大部分企业推崇的重心，未能考虑企业内部自身的实际情况以开展有针对性的人力资源管理举措。

近几年的人力资源管理步入了精益化管理的时代，开始强调战略、精益化和赋能。精益化管理的概念起源于日本本田公司的生产方式，后经美国学者詹姆斯·沃麦克等提炼升华为精益思想，在世界各地开始推广。而精益化人力资源管理，是以精益思想作为指导，从精益的视角对企业的人力资源实现精细化和精确化管理，最大限度地削减人力资源铺张，提高人才使用效率的一种理念和方法。以精益思想看待企业的人力资源管理，有助于我们从战略的角度来观看企业的人力资源活动，做到精确赋能，提高人力资源管理水平。

当下的人力资源管理开始关注如何支撑战略、服务业务，管理效益成为衡量人力资源管理工作好与坏的试金石。面对各式各样的管理问题，企业更愿意从战略、商业本质和人性诉求出发，政策导向逐渐清晰明确，不再单纯依赖固定的工具和理论、基于企业实际情况、厘清战略方向、构建以价值导向为核心、倾斜业务、以整体视角看待管理问题等成为如今精益化人力管理的主要特征。

美太咨询认为，未来的人力资源管理会朝着更加精益化的角度发展，围绕成本控制与人效提升两大核心，引入对员工工作行为和管理数据的分析，依赖科技、数据、模型等辅助管理分析和决策打通组织层面的管理和个体的精准分析，以达到构建企业可持续性竞争优势的目的。人力资源管理发展变化趋势如图1-2所示。

	解决的问题	主要的工具	表现的特征	创造的价值
过去式 流程/模块化	重在解决科学管理、规范化管理的问题，适用于粗放式增长阶段	3P[①]人力资源管理 绩效PDCA[②] 岗位价值评估IPE[③]	依赖成熟的工具和外部最佳实践来解决企业问题	快速复制 提升管理效率 ……
现在式 战略/精益化	重在解决支撑战略、服务业务，精益化管理的问题，关注管理的效益	价值导向的激励评价机制 HRBP/HR产品经理制 ……	依赖对战略、商业本质和人性诉求来定制化解决问题	支撑战略/业务 精益定制化 导向更加清晰明确 ……
未来式 行为/数据化	重在生态化、人本管理的问题，注重构建企业的可持续性竞争优势	价值导向的激励评价机制 HRBP/HR产品经理制 ……	依赖科技、数据、模型等辅助管理分析和决策	管理到个体 公司全数据打通 精准分析和预测 ……

注：①3P：由职位（Position）评价系统、绩效（Performance）评价系统和薪酬管理（Payment）系统为核心内容构成的人力资源管理系统。
②PDCA：Plan（计划）-Do（执行）-Check（检查）-Act（处理）的首字母，PDCA是指按照这样的顺序进行管理，并且循环往复的程序。
③IPE：国际职位评估法（Internetional Position Evaluation），由美世咨询公司所开发的岗位价值评估体系，可用于比较全球不同行业、不同规模的企业职位，被世界知名企业广泛采用。

图1-2　人力资源管理发展变化趋势

第二节
中国企业野蛮成长后的第二曲线

对企业来说，增长是永恒的话题。管理大师查尔斯·汉迪在《第二曲线：跨越"S型曲线"的二次增长》一书中提出了著名的"第二曲线"理论：任何一条增长曲线都会划过抛物线的顶点（增长的极限），企业实现持续增长的秘密是在第一条曲线消失之前开始一条新的S型曲线，而这条新的S型曲线就是第二曲线，如图1-3所示。

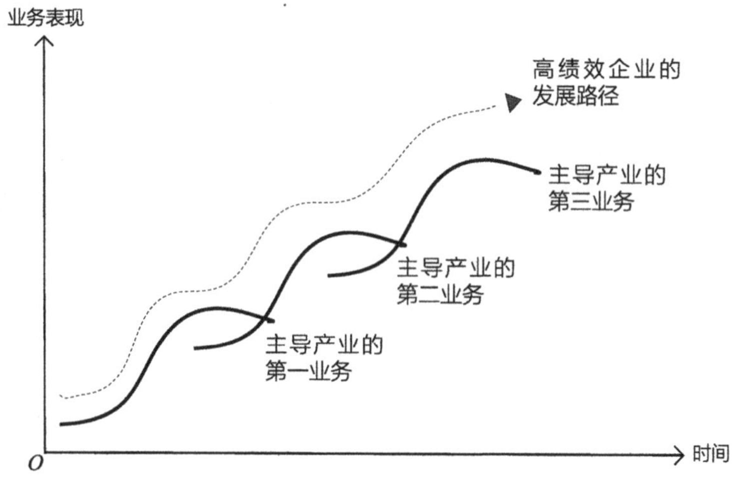

图1-3　第二曲线

面对经济周期波动、新旧动能转换、市场环境变化，企业保持持久竞争力面临巨大的挑战，寻找"第二曲线"越来越成为企业跨越周期的必经之路。

在政策红利和人口红利时代，中国企业面对的是大量商业机会和尚不完善的市场监管。中国企业搭乘中国经济高速发展的电梯，在到处是机会的增量市场中，只要动作快、产品符合市场需求就能快速抢占市场份额。在人口红利期，人力成本具备比较优势，专利技术保护不强，有利于企业以价格优势获取竞争优势。这样的发展模式让大量中国企业短时间内获得了可观的规模和体量，但同时也造成了企业利润率比较低，产品和服务可替代性较强。

当中国发展成为第二大经济体时，市场机制逐步完善，客户需求变得分散多变，市场不确定性越来越明显，各行各业产能过剩，产品同质化严重。在经济周期进入衰退期时，以往的粗放式的、低质量的、忽略内部管理的经营管理模式已走到尽头。

要顺利跨越到第二曲线，找到企业新的增长路径，企业需要具备两种能力：一种是业务增长能力，另一种是组织能力，而且组织能力要先于业务增长能力。企业通过第二曲线的跃迁才能实现新一轮的增长，而要提升组织能力，长期保持组织健康，就要以人效为牵引打造企业的核心竞争力。

通过大量的案例研究和咨询项目实践，美太咨询总结出在后疫情时代中国企业实现战略升级的三种模式，以及各模式下企业管理者需要重点关注的内容。关于企业如何实现增长我们将会在《存量时代下的企业增长策略》一书中进行详细讲解。

一、厚积薄发型

在后疫情时代，中国社会特别是年轻人的消费理念悄然发生了变化，更趋于保守、务实，更加偏好国产商品。在过去三年成功存活下来又蓄积了一些力量的企业，在经济恢复后预计会迎来一段爆发期，我们称这类增长模式为"厚积薄发型"。

对于这类企业，美太咨询建议在人力资源方面也要做好"厚积薄发"的准备。首先，判断企业的人才储备是否足够，引进的速度是否可以跟上经济恢复后企业的增长速度；其次，判断引进人才后的培养赋能机制是否完善，是否为高爆发阶段的考核激励调整提前做好准备；最后，判断企业的组织、制度、流程建设机制是否可以支撑企业的增长。只有在这些方面做好准备的企业，才能真正享受到疫情后市场放开的红利。

二、转型升级型

在前文中我们也提到过，中国很多行业已经达到饱和阶段，开始极度内卷。大多数陷入内卷的企业都是因为商业模式、提供的产品和服务在市场上缺乏竞争力，这类企业的增长动力就是通过对商业模式、产品和服务进行升级来提升企业的核心竞争力。对很多企业来说，疫情结束后是关键的转型升级期。

美太咨询一位医药行业的客户过去主要收入来源于制造和销售仿制药。随着仿制药行业集中度不断提升，国家推进集采迫使企业进入价格战的旋涡，对企业的成本控制提出了严峻挑战。如果不进行转型升级，可以预见在未来行业内卷加剧的情况下该企业将很难继续生存下去。在这种紧迫的趋势下，该企业制定了从纯制造型企业逐渐转型为产研销一体的企业的战略目标。

经过诊断后美太咨询发现，该企业需要从组织架构、人才结构和企业文化三个方向来进行变革，以支撑企业的商业模式转型。传统的制造企业经常使用金字塔形的组织架构，强调层级和精细化分工，当向技术领先、产品领先企业转型时组织就要向扁平化的方向转变，减少管理层级，提高效率和弹性。在人才结构方面，HR首先需要识别什么样的人才是企业转型后的关键人才，然后考虑这类人才的引进和留用问题。人才的能力本质上决定了企业的创新能力，在转型升级阶段，企业管理者必须意识到对高精尖人才的投入非常重要。在组织架构、人才结构调整的同时，企业文化也要进行变革，从强调执行力向强调创新转变，否则即使引进了高精尖人才也无法让他们在企业生根发芽、创造价值。

三、并购重组型

疫情期间很多企业处于空转状态，清华和北大对中国995家受疫情影响的中小企业的调研显示，疫情下34%的企业账上现金余额只能维持1个月，33.1%的企业可以维持2个月，能维持6个月以上的只有9.96%。

疫情是一次洗牌和调整的过程，一部分撑不下来或者决定调整业务重点的企业会选择被并购，另一部分企业会选择强强联合。不同情况下，企业的组织重构和人才配置策略都会有所不同。

美太咨询近期服务的一家集团公司将并购重组后的人才配置策略分成"四个一批"：淘汰一批、发展一批、储备一批、转型一批，即把不合适的淘汰掉，对有潜力的给予更多培训，把现在用不到但未来可能会用到的就储备起来进行代岗，对不接受的可以通过优先内部招聘进行转型。

在组织重构方面，新文化的构建是管理者重点考虑的问题。企业在并购重组后往往会从单业务转向多元化业务，单业务公司的企业文化多服务于具体业务。例如，强调客户导向、执行力等。非相关多元化业务的公司的企业文化则要脱离单业务，向更普适化的方向调整。以美太咨询曾服务过的某大型多元化集团公司为例，该公司的企业文化的核心是阳光、简单、坦诚，与具体业务并没有直接联系。

以上是美太咨询总结的后疫情时代中国企业跨越到第二曲线的三种模式，每种模式下企业经营和管理关注的重点都有所不同。在中国经济进行转型升级的大环境下，市场竞争正在从过去的人力成本竞争转变到人效竞争。一边是人员工资普遍上涨，人力成本急剧增加；另一边却是招工难，招人才难。在竞争日益白热化的市场情况下，如何利用有限的人力资源提高劳动效率，成为中国企业不得不做出的选择。作为市场主体的企业，唯有关注人效，提升员工的生产效率，实现劳资双赢，才能在日益严峻的市场竞争中立于不败之地。

第三节
提升人效的本质是提升企业竞争力

很多企业认为人效管理就是控制并不断降低人力成本。从此出发理解人效往往导致企业在开展人效管理时陷入误区，变成简单的一刀切，表现为简单粗暴地裁员、降薪等，往往导致核心人才流失，反而会削弱企业的核心竞争力。

一、人效不是简单的一刀切

通过总结大量实践案例的经验，美太咨询认为企业在推动人效体系建设的时候不能一刀切的原因主要有以下三点。

第一，不同序列的人才职能定位、人才特征、创造价值的方式不尽相同，适配的人效管理逻辑也不同。拿具体的岗位序列来举例。事业部总经理是公司的高层职位，属于管理序列，负责事业部的全面管理，对短中长期的业绩目标负责，要求任职者具有相当丰富的行业经验、解决业务问题的能力及团队领导力。而质检员是一个基层职位，要求其按照既定的标准从事质检工作，强调执行而不需要创新，对人员的任职要求不高。

面对上述两类不同的岗位序列，由于人才职能定位、人才特征、创造价值的方式的差异，人效管理逻辑则有本质差异，人效提升方法也有所不同。对于事业部总经理来说，应当鼓励其突破和创新，通过发展领导力等方式提高其创造的价值，而对于质检员，则应当强调执行和服从，通过建立标准化体系、优化流程等方式提高其工作效率，实现降本增效。

第二，简单一刀切的人效处理有可能会伤害到企业竞争力。例如，裁员有可能会伤害到企业竞争力。因为企业在开展裁员工作时往往会从容易裁的人开始，而"容易裁"的人有很大一部分是容易找工作的，在人才市场中具备竞争力的人，也就是企业的关键人才。

这里以美太咨询服务过的一家电子产品研发企业——J公司为例。当时J公司的需求痛点是其在业务发展上遇到了瓶颈，因其产品未能做到持续创新（仅是不断地在原有版本上更新迭代）造成其增长的动力不足。经和高层领导的多次沟通，我们发现，一年前因为投资方对于J公司的盈利能力的质疑，认为其人员结构不合理，尤其研发人员过于臃肿，人力成本占比过大。经J公司内部商议后决定开始"人员优化"工作，目标为将现有人员的20%优化掉，同时也圈定了一些"目标优化人员"。

在此过程中，除了被动被优化的员工，也有不少主动提出离职的员工，其中就包括J公司的研发主力。这些人员的离职在短期内确实换来了投资方对于财务数据的认可，但一年后问题逐渐暴露，也就是J公司为什么会找到我们。

对于J公司这样一家技术密集型企业而言，掌握这些技术或具备创新能力的人才毋庸置疑是公司的核心资产和竞争优势。我们常常能够看到众多研发企业不惜开出天价招揽技术人才，每年花费不菲培养技术骨干。也正是因为吸纳、培育人才的成本太高，而尖端人才更是不可多得，关键人才外流几乎都会"损己利人"，所以对于这类企业，人力资源管理部门更要努力为企业留住这些人才。为此，国内外众多技术大厂也是从福利、激励各个角度各出奇招。例如，华为推行全员持股，员工年分红超600亿元，而号称"广州小华为"的视源股份则成立"视源健康"为员工及家属提供全方位的健康管理服务。像J公司上述这种一刀切的人效管理方法，存在极大的直接伤害企业竞争力的风险，从事实来看也确实如此。

第三，企业在落地人效政策的时候，通常需要各个事业部、各个职能部门的协同才能完成，一刀切的政策通常很难获得业务部门的支持和认同。在缺少对人效现状的分析及问题澄清的前提下，单纯通过控制人员编制、下压人效指标等一刀切的方式减少人力成本，势必会导致业务部门怨声载道，人力资源管理部门也会让自己成为众矢之的。

二、正确的人效观点是什么

什么是人效？人效管理是什么，又不是什么？关于人效的定义，目前主要有两种由不同的视角产生的不同的概念：第一种是从人力资源管理达成目标的程度来看人效，最早由人力资源管理的开创者戴维·尤里奇在1989年提出，关注的是人力资源的有效性；第二种是从人力资源投入对经营成果的贡献来看人效，反映的是人的投入产出情况，即人力资源效能。

第一种视角强调的是人力资源管理本身的有效性，从此出发理解人效，往往导致企业在开展人效管理时陷入误区，主要表现为以下几个方面：

（1）认为人效管理就是控制并不断降低人力成本，表现为简单粗暴地裁员、降薪，往往导致核心人才的流失，反而会削弱企业的核心竞争力；

（2）认为人效管理是人力资源管理部门一个部门的事，人力资源管理部门也乐于沉醉在自己的专业深井中，缺乏与经营连接的能力，得不到业务、研发等核心部门的配合与支持，人效管理难免陷入困境；

（3）没有认识到人效提升是一个长期的、渐进的、系统性的过程，妄想通过一场疾风骤雨式的运动在短期内建立人效运营的核心能力；

（4）人效管理不是简单地计算指标，人效指标的相关数据只是一个结果，如果人效管理仅仅停留在"事后算账"，不能发现人效的驱动因素和改进机会，人效管理就是无效的。

第二种视角将企业整体看作一个价值创造的黑盒模型，一边投入人力、物力和资金，另一边产出效益，以此为背景分析人力投入与业绩的投入产出比，进而发现人效最优的路径和方法。因此，对人效管理的正确理解应该有以下几点：

（1）人效管理是企业竞争力的客观体现；

（2）人效管理是提升组织管理效率的有效手段；

（3）人效管理是从决策层到各部门自上而下共同推动的持续变革；

（4）人效管理是需要整个组织共同努力的长期行为。

三、案例：某建筑陶瓷企业失败的人效体系建设

某建筑陶瓷企业近年来受房地产与疫情冲击较大，市场需求持续萎缩，且由于前些年为冲刺上升，快速扩大规模，企业人数快速增长。随着能源、原材料价格及人力成本上涨，企业经营压力日益凸显，为此，经营层对人力资源管理部门提出了"提高人效"的要求。

人力资源管理部门在接到"提高人效"的要求后，快速做出了以下管理动作：

（1）严控编制和人力成本，暂停一切招聘；

（2）经过测算发现，如果减少福利项目，可为企业每年节省100万元，于是做出决定：减少交通补贴、餐补、住宿补贴等福利项目；

（3）将人效指标关联到下级单位人力资源管理部门季度、年度考

核上，但未关联至业务部门。

以上管理动作实施后，引发了连锁反应：

（1）当时除传统业务业绩下滑外，企业也在推动新产品的孵化及转型，停止招聘让新业务所需的优秀人才无法进入企业，严重阻碍了新产品的研发和新业务的发展，引起了CEO的不满；

（2）减少福利项目后，对新进的管培生产生了较大冲击，不少表现优异、具备发展潜力的管培生纷纷离职；

（3）将人效指标与下级单位人力资源管理部门考核挂钩，虽然提升了人力资源管理部门对人效的重视，但由于缺乏具体的人效管理措施，也没有动员相关部门参与其中，人效提升缺乏落地抓手，最终落得流于形式。

这个案例反映出这家企业在对人效管理的理解上出现了严重的偏差。第一，没有站在经营的层面看人效，将提高人效单纯地理解为降低人力成本，造成新业务发展迟滞、高潜力员工流失，损伤了企业发展的内生动力；第二，人力资源在人效管理方面停留在静态的指标层面，没有深入发掘人效提升的内在逻辑和关键路径，缺乏具体方法；第三，人力资源在人效管理中唱独角戏，没有充分调动相关部门的积极参与，加上举措不力，对业务部门造成了伤害，更难获得高层的支持。

在存量时代，企业发展的两条腿——经营和管理都要适应大环境的变化，经营方面需要寻找新的增长路径，管理方面在外部不确定性、人力成本高企、新技术替代人工等前提下需要提升管理效率，依靠精细化运营实现各个环节效率的提升。在这样的背景下，人效管理自然成为近几年企业提升核心竞争力的关键。

第四节

全域视角下的人效体系建设整体框架

人效管理的核心目标是通过人效提升，使企业降本增效，提升企业竞争力，充分调动企业共同参与，激活企业绩效文化，保证企业效能提升。在导入人效体系之前，为决策层、管理层导入正确的人效理念至关重要。

美太咨询认为，真正可持续的、能够让企业提升核心竞争力的人效体系建设需要从三点入手。

1. 明确目标，甄别核心人力资源

经过多维度的调研分析，通过对标，明确组织发展现状与理想状况的差距，甄别组织核心资源，围绕核心资源对项目整体策略、优化目标等进行确定。

2. 以人效为导向，选择适用工具

从人才策略到"商业、组织、人才"的有效结合，从定性预测到

量化分析，从成本控制到风险防控机制保障，结合公司内部实际情况，推进人效项目开展。

3. 完善落地保障机制，拉通公司上下理念，稳妥实现组织优化

从多个维度影响各部门，对组织优化、人效提升项目从理解到接受、到配合、到深度参与和执行，同时提供专业的优化方案及落地支持，在合法合规的前提下实现稳妥优化。

人效管理是一个公司整体参与的、持续的、循序渐进的组织优化过程。美太咨询的人效解决方案从策略开始，在公司战略的基础上分解出人才策略。在人才策略的牵引下，借助访谈、调研、外部对标等多种方式，从商业、组织、人才各个维度对公司现状进行诊断，识别人效提升抓手，并通过机制、技术、文化来实施落地，对公司进行持续赋能，如图1-4所示。

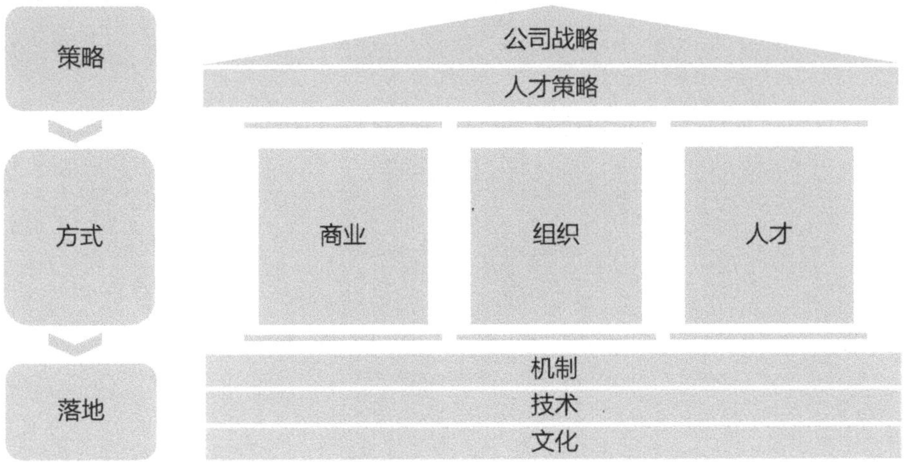

图1-4　全域视角下的人效体系建设整体框架

为了系统识别人效提升的关键抓手，美太咨询全方位梳理了21个人效提升要素（见图0-1），在全面诊断后，基于企业所处发展阶段、内部组织现状差异等，确定不同工具的侧重与优先级，制订最匹配的人效提升方案。从本书第四章开始，我们将对21个要素进行详细介绍。

第二章

人效提升的前提
是对人才分类

正如前文所言，人效提升的本质在于提升企业竞争力，助力企业战略目标的达成，因此企业在开展人效管理工作前首先需要识别自身的竞争力，选择与关键竞争力适配的人才策略和人效优化逻辑，使一切人效管理工作围绕竞争力的打造开展。企业的人效体系搭建工作是一个系统工程，对精益化、定制化都提出了较高的要求。

第一节
从战略推导关键竞争力，从竞争力识别关键人才

企业竞争力的识别并不是一件容易的事情，尤其是在当前多数行业发展趋于成熟、竞争激烈的市场环境下，企业很难找到"绝对"的竞争优势。

在过往服务客户的过程中，我们面对竞争力模糊或过于追求"多而全"的企业时，通常采用价值链分析的方式帮助企业识别核心竞争力，也就是运用波特的价值链理论。因本节重点内容在于企业竞争力的识别，因此不对价值链理论本身做过多赘述，读者能够理解什么是价值链以及价值链和企业竞争力之间的关系即可。

我们都知道企业的发展离不开战略，战略帮助企业解决了去向哪里以及如何去的问题，明确了发展目标的同时也明确了企业做哪些事、开展哪些经营活动才能实现战略目标。简单理解，企业的价值链就是由这些界限分明、独立又相互关联的关键事项和活动构成的，其核心内涵是将企业的所有资源进行整合利用，使所有价值活动与战略

紧密相连，通过开展一系列价值活动为客户/消费者带来产品和服务，实现价值创造和增值。

对于一家企业而言，价值链可以有多条，但一定有一条是最核心且最基础的，其他价值链通常是在此价值链基础上进行的价值延展和增值。企业要做的就是把这条价值链做深做精，努力使这条价值链创造的价值远远高于开展该系列经营活动所投入的人、财、物等成本。当价值链中某一个或某几个关键环节创造的价值比竞争对手多时，企业也就具备了竞争力，而这些创造价值更多的关键环节就是企业需要关注、培养、开发的重点，在资源投入上也应有所倾斜，使竞争力可以持续保持且不断发展。

以某研产销一体化公司的价值链（见图2-1）为例。我们可将该公司的经营活动分为两大类，即管理增值活动和基本增值活动。其中，管理增值活动经常发生在人力资源管理、财务会计、审计等中后台部门，主要通过为基本增值活动的开展提供辅助支持的方式间接创造价值。产品研发、生产制造、产品市场等基本增值活动就是指直接为客户创造价值的活动。

梳理清楚价值链后，接下来就到识别竞争力以及发展竞争力的阶段了。企业需要分析在多个基本增值活动中，自身在哪个或哪几个活动中是更有优势或潜力的，而为了保持优势、使潜力发展成为能力，企业首先就要对关键活动中的资源投入进行管理，其中最重要的资源就是能够确保这些活动正常开展的"人"。如果这家研产销一体化公司的竞争力源于领先的技术和产品，也就是"产品研发"环节，那么研发、产品等人才就是这家公司需要重点关注的；如果其竞争力源于强大的市场知名度和市场覆盖能力，则需要关注市场、销售等前端人才。而针对不同的人才类型，人效优化逻辑则有本质上的差异。

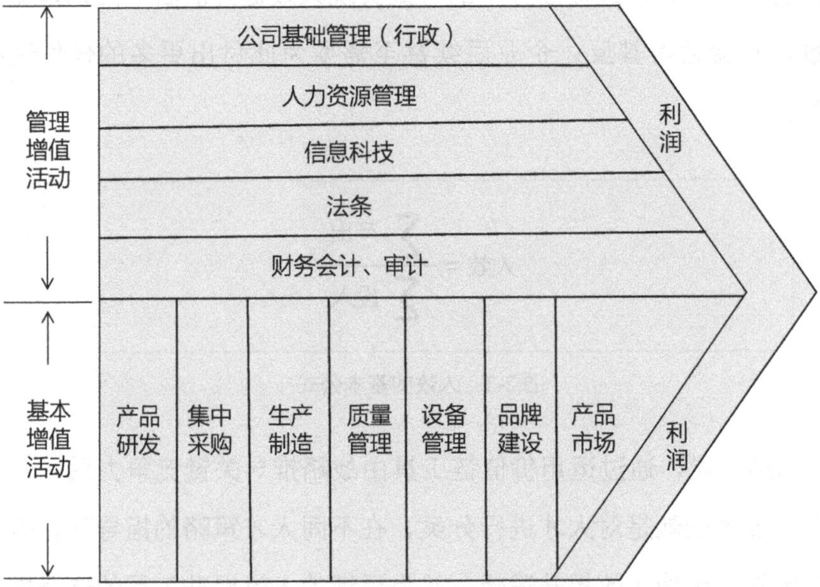

管理增值活动	公司基础管理（行政）						利润
	人力资源管理						
	信息科技						
	法条						
	财务会计、审计						
基本增值活动	产品研发	集中采购	生产制造	质量管理	设备管理	品牌建设	产品市场

图2-1　某研产销一体化公司的价值链

人效就是产出除以投入（见图2-2），分子可以是营业收入，也可以是利润；分母可以是人员数量，也可以是人员成本。在制定人效优化策略时，我们要思考的是应该放大产出还是减少投入。举例来说，一家技术驱动型企业（通过不断地在产品上推陈出新，以及孵化更多的新业务占领新市场），则不能简单地通过减少人员数量或降低人员成本（减少分母）的方式试图实现人效的提升。此种做法可能会对企业的竞争力带来严重伤害。因为对于一家依靠不断创新的产品、领先的技术在行业立足的企业来说，市场、技术、商业模式、人才等都是相对前瞻的，招用的往往是行业内技术专业的佼佼者。企业期望借助其高水平的专业能力不断创新，以在行业内持续保持技术领先优势。此时，企业思考的应是如何充分利用技术人才的专业能力、挖掘并激发其创新潜力，通过提高分子的方式实现人效提升。若一刀切地降低人数，则会适得其反，企业后续甚至需要为此付出更多的代价进行补救。

$$
人效 = \frac{\sum 产出}{\sum 投入}
$$

图2-2　人效的基本公式

总结来说，通过运用价值链工具由战略推导关键竞争力后，企业接下来要做的就是对人才进行分类，在不同人才策略的指导下，有针对性地推导明确人效提升逻辑，并为后续的人效提升工具的选择提供关键指导。

基于过往丰富的企业服务经验以及国内外众多知名企业的管理经验，我们总结出企业的人才大体可以分成四类，包括关键人才（少量的关键人才，如中高管、高级研发人才等）、高执行力人才（一线或中基层强调执行的员工）、高性价比人才（通过强激励拉动业绩的员工，如销售人员）和团队型人才（依赖团队而非个人创造价值的人才，如项目制的研发工程师）。以上四类人才几乎可以涵盖企业所有的人才类型。当然，企业也可根据实际经营特点为自身量身定制个性化的人才分类，在本书中读者可以重点理解人效提升策略的推导逻辑。接下来将围绕这四类人才对应的人效提升逻辑分别进行详细论述，以我们过往实际的服务案例及知名企业成功管理经验为例进行分析，帮助读者更深入、准确地理解本章内容。

第二节
关键人才如何提升人效

关键人才是公司不可或缺的人才，通常具备高能力、高经验、高影响力，或者具有极强的资源掌控力。关键人才，通常也是行业内的佼佼者，有着漂亮的学历背景，是在能力、素质等方面超越大部分人的金字塔尖部人才，通常包括企业高管、研发、资源型人才、专家等。对企业而言，关键人才的效用并不仅是简单的一人兼多责、一人抵三人，就像搭房梁必须以巨大的圆木为基本支撑，巨木的作用并不是同等重量的细木可以取代的。关键人才对于企业各业务及管理领域而言就像撑梁巨木，发挥着以点带面，支撑、带动全团队，甚至在危急中力挽狂澜的作用。

以智力密集型企业为例。例如，咨询公司就要求其合伙人、总监、项目经理等职位拥有非常高的个人能力，包括更强的逻辑思维、更完善的知识架构、更敏锐的洞察力与感知力等，以使得其可以在开展顾问工作的过程中充分发挥智囊的作用，带领其团队更快更好地发现与解决问题，同时为公司开拓更多的项目合作机会。而要想培养一位具备上述能力的咨询经理、总监或合伙人，则要投入较长的时间和更多的成本。

通过上述的论述，相信读者已经发现并理解关键人才为企业带来的价值是持续且具有辐射性的，通常是要长期见效而非短期即时的。企业要采用长期激励的手段去激励关键人才，而非用短期即时的价值贡献去考核评判。

由于关键人才的不可或缺性、不可替代性，以及关键人才所贡献价值的关键性和长期性，因此关键人才的人效提升逻辑则是要扩大产出、激发潜能，通过管理手段让关键人才的产出更多，而非降低投入，导致关键人才的产出下降，或者离开公司。关键人才策略下的人效提升逻辑如图2-3所示。

$$人效 = \frac{\sum 产出}{\sum 投入} = \frac{人员能力 \times 能力发挥}{人员数量 \times 人员成本} \uparrow$$

图2-3 关键人才策略下的人效提升逻辑

以G公司为例，其对关键人才在管理上的很多做法都是以扩大产出、激发潜能为目的，从而不断提升内部人效。首先在人才的选用上，G公司坚持只雇用一流的人才，招聘通过率仅为0.25%。在工程师文化的指导下，G公司为员工提供丰厚的福利待遇和足够民主、自由的工作环境，充分激发人才的潜能。例如，工程师可以有20%的工作时间用于自己喜欢的项目；每个人可以选择在自己的"时区"里工作，或者清晨5点就开始忙碌，或者整晚不睡、白天休息；工程师不仅可以对产品和技术提出看法，也可以对公司的各个方面提出建议，从产品到公司运作；随处可见的健身设施、按摩椅、台球桌、帐篷；工程师享受最高的待遇；等等。这些做法都是使其能够在多个行业处于顶尖地位、成为世界上最具影响力企业之一的关键。

综上所述，在进行人效优化时，对于关键人才，企业应优先思考如何更好地激发其潜能，而非直接减少对这部分人的人力成本投入，避免关键人才流失，对企业的竞争力带来伤害。

第二章
人效提升的前提是对人才分类

第三节
团队型人才如何提升人效

团队型人才的人效提升策略，是指不需要找什么都懂的人，但通过将不同的人才进行有效组合能够达到团队最强的效果。团队型人才，通常是项目型人才，或者大客户销售铁三角人才等。该策略主要适用于互联网、游戏开发、平台开发等基本经营单元为团队形式的公司。典型的采用团队型人才策略的企业就是T公司。作为一家产品驱动型公司，T公司在内部会构建以客户为中心的铁三角（包括策划、研发和运营）。三者各司其职，各有侧重，高效运作，形成完美闭环。

在团队型人才策略下，每个人都有优点，也都有不足，重点在于，首先团队的组成是否为最优组合，各有千秋的团队成员是否可以优劣互补，其次是否有完善的团队管理和运营机制，使团队的运营效率更高，产出成果质量更好。企业关注的是如何使团队的产出更大，而不是使个人的产出最大。因此，团队型人才策略下的人效提升逻辑是要以团队为单位，将团队的产出和投入分别作为分子和分母（见图

2-4），思考如何提高分子或降低分母。

$$人效 = \frac{\sum 产出}{\sum 投入} = \frac{团队能力 \times 能力发挥}{团队数量 \times 团队成本} \quad \blacktriangle$$

图2-4　团队型人才策略下的人效提升逻辑

改善团队型人才的人效，提高分子或者降低分母的方法有很多，本节主要从影响团队人效的三个方面介绍人效提升的方法。

第一，如何构建一个最优团队，不求个人最优而求团队最优，这时的人力成本投入一定是最低的。企业需要思考团队成员的搭配是否合理，团队管理者的选择是否最优，成员之间的协调互补关系是否顺畅，能否很好地去解决项目或者任务的问题等。这些都是企业可以着手改善团队人效的关键点。

第二，在有了团队后，企业需要考虑内部是否有资源可以在团队间共享，使资源可以重复利用，效用最大化。这里的资源包括优秀员工、技术、工具等。例如，一家公司有N个团队，那么这N个团队在资源配置与使用上一定会有重复的部分。此时该公司则可以成立一个共享部门来服务所有团队，使资源共享，减少因资源重复配置而造成的浪费。

第三，在内部形成PK、孵化或分包机制。以G公司为例。G公司会采用多个团队相互竞争的方式去运营同一个产品，虽然这样的方式从短期来看会增加成本的投入，但是对产出结果的质量和效率有很大影响，并且产品一旦成熟，后续的运营成本相对前期投入是微乎其微的。

相比流水线式的、自然而然发生的经营动作，在这种人为构建的内部竞争机制下，可以确保每个项目的交付成本最低、效率最高、质量最优。但这种内部PK的降本提效方式并不适用于所有行业。通常，依赖人进行交付的偏常规产品或服务的企业可以采用这种PK方式，可以有效控制人效，并提高产出质量。而产品研发型企业则要慎重考虑，因为前期过高的研发成本投入会直接影响产品竞争力。G公司之所以可以采用这种PK方式，是因为其有流量作为支撑，只要研发的产品质量可以得到保证，前期巨大的研发投入就可以被覆盖。

第四节
高性价比人才如何提升人效

销售人员是典型的高性价比人才，即关注人力的投入产出比，希望在投入之后能够快速产出价值。有不少企业在人才管理中会采用"1234原则"——1个员工拿2倍的工资，干3个人的活，获得4倍的成长。这种人才策略较适用于处于高速成长阶段的组织。所谓高性价比人才，通常是指通过个人努力就可以明显提高绩效结果的人群，如销售人员。从理论上讲，高性价比人才策略是最理想的状态，对于企业与个人来说是双赢，放大分子的同时也在减小分母（见图2-5）。

$$人效 = \frac{\sum 产出}{\sum 投入} = \frac{人员能力 \times 能力发挥 \ \uparrow\uparrow}{人员数量 \times 团队成本 \ \uparrow}$$

图2-5　高性价比人才策略下的人效提升逻辑

对于企业来说，要想达到上述双赢的状态，实现降本增效，需要在人力资源管理的六个方面分别进行思考。

第一，在招用方面，从能力角度，应优先招聘有类似行业工作经验或者自带资源的人，即能够招来即用，而非刚毕业、经验不足的大学生，以减少员工的适用期或培训期；从意愿角度，应优先考虑内驱力强、有强烈赚钱欲望的人，而非养老心态、躺平的人，以保证员工愿意付出更多的努力，为企业创造更多的价值；从年龄角度，应优先考虑有冲劲、处于事业上升期的青年人，而非临近退休、精力不足的中老年人，以保证员工可以跟得上处于成长期的企业的发展节奏和工作强度。

第二，在培养方面，应以短期内快速使员工产生业绩、创造价值为目的，增加并集中在操作性或其他可以快速产生价值的跟业务直接相关的技能性方面的培训及赋能，培训内容强调实用并且短期见效，而非领导力等发展周期长、见效慢的培训。

第三，在考核方面，应简单且聚焦，在守住红线底线的前提下创造价值即可，而非追求指标的多而全。

第四，在激励方面，应加大浮动比例，确保薪酬的竞争力，同时拉大内部的薪酬差距。

第五，在内部机制流程方面，应尽量高效和精简，在风险可控的前提下，减少审批环节，适度授权，避免出现前端业务人员"戴着脚镣奔跑"的情况。

第六，在文化建设方面，可导入能者多劳、业绩导向的管理理念，同时，应适当导入合作、分享、诚信等正向的文化理念，避免员工过于追求业绩，各自为政，影响公司的整体运营效率和利益。

第五节

高执行力人才如何提升人效

对一线员工或者从事事务性工作的基层员工，通常使用高执行力人才策略来进行管理。这类岗位对制度、流程、标准的依赖性较高，对人的能力、激情的依赖性相对较低。通常，对劳动密集型的服务或制造行业的大量员工适合使用高执行力人才策略。高执行力人才的结构具有非常强的典型性，我们称之为"正三角形的人才结构"，其中包括大量的基层员工、适当的中坚力量，以及少量的高端人才。

采用高执行力人才策略的企业，可将人员大体分为两类：一类是做标准化工作、可替代性强的中基层员工，这类员工就像砌房的砖石，对于企业既重要，也不重要。重要是因为，砖石相垒才能建构起完整的房体，每块砖石都浇筑得坚硬、堆砌得稳固才能使整个房屋结实，经得起风雨的常年侵蚀。不重要是因为，砖石的获取成本很低，可替代性很高，一块砖石破损既不会影响整个房屋的稳固，也可以很快被新的砖石取代、填补。

在劳动密集型企业，如制造企业、物流企业中，单个人才的能力突出对于企业的贡献通常有限。例如，制造企业的员工主体为生产工人，一个熟练工人固然拥有更高的生产效率，但是相比整个流水线的生产水平仍然是微乎其微的。而资源密集型企业，如电力、石油、煤炭等企业，通常需要大量的固定资产投资和大量的机制流程建设来实现整体效能提升，达到大幅节约生产成本、提高生产效率的效果，这也是靠个体人才发展难以达到的。

人才结构中金字塔塔尖的少量高端人才，定位于标准流程制定、体系持续改善等，也就是企业的核心人才。因此，在高执行力人才策略指导下进行人效优化时，应结合上述两类人员特点制定相应的人效优化策略，即提高核心人才的贡献，降低中基层执行人员的成本投入（见图2-6）。

$$人效 = \frac{\sum 产出}{\sum 投入} = \frac{核心人才产出 + 执行层人员产出 \uparrow}{核心人才成本 + 执行层人员成本 \downarrow}$$

图2-6　高执行力人才策略下的人效提升逻辑

以采用高执行力人才策略的H企业为例。在H企业，是不允许基层管理者和员工讨论战略的，对于上述人员的核心定位就是执行，按照既有的流程、体系高效地完成本职工作即可。

对于采用高执行力人才策略的企业，在进行人效优化时，主要从以下两方面入手。一是建立中基层员工的自动流出机制。如前文所述，这类员工因岗位所限，其创造的价值是被锁死的，但企业需要为其支付的薪酬是逐年上调的。如果没有自动流出机制，这类人员的投入产出就会持续下降，人效势必不是最优的。二是优化流程，明确标准，让所有的工作变得可复制，甚至用机器和自动化设备进行替代，最大限度地降低对人的依赖。

正如本书中一直强调的，人效提升的本质在于提升企业竞争力。在本章的论述中，我们首先引入了实际应用最广泛的价值链分析方法来帮助企业识别核心竞争力，在甄别出核心资源后企业可以根据价值链上各环节的位置来对人才进行分类。针对不同的人才类型，我们总结出四种对应的人效优化逻辑：关键人才的人效逻辑、团队型人才（研发型）的人效逻辑、高性价比人才（销售型）的人效逻辑和高执行力人才（一线员工）的人效逻辑。在厘清人效优化的推演逻辑后，接下来我们将从更加贴近企业具体实践的角度出发，介绍如何制定人效体系建设规划以及与人效优化链接的21个工具。

第三章

制定人效体系
建设规划

人效是一个综合概念，公司战略、人才策略、商业模式、组织管理和人才管理各要素均可能作用于人效水平。很多企业将人效提升等同于降薪裁员，这种做法短期内可能取得一定成效，但从长期来看无异于饮鸩止渴。美太咨询认为，企业建设人效体系时应该从人效诊断开始，要发现造成企业人效问题的根本原因，明确影响人效因素的先后顺序，再有的放矢地提升人效，才会起到事半功倍的作用。

第一节
人效提升从人效诊断开始

据BCG（波士顿咨询）统计，以净利润/员工数量作为指标，对2017—2021年人效对比分析发现，40%的中国头部企业都出现了组织人效下滑的情况。

为了扭转人效下滑局面，不少企业通过组织瘦身方式来"减小分母"，企业制定整体人员优化或降薪目标，然后在部门间分配，进而向下层层分解，最后再由HR部门完成裁员或降薪谈判。近年来典型企业裁员统计如表3-1所示。

表 3-1　近年来典型企业裁员统计

企业	时间	裁员情况
国内某头部制造业公司	2011—2016 年	员工数量从近 20 万名缩减到不足 10 万名，产品从 2.2 万个精简到约 2000 个，聚焦高利润业务
国内某新能源车企	2021 年	继 2021 年年初的裁员之后，从 2021 年 7 月 22 日开始，开启第二批裁员计划 汽车板块从 2021 年年前的 23000 人左右裁到 8400 人左右，裁员比例超过 65%

续表

企业	时间	裁员情况
某头部视频影音平台	2021年	"公司史上规模最大的裁员",裁员比例为20%~40%,部分部门几乎全员被裁,裁撤大量中层、司龄较大的员工,实现结构扁平化
某头部奶茶企业	2022年	裁员比例30%,裁员人数接近5000人
某头部互联网企业	2021—2022年	部分事业群在持续进行人员缩减,稳住电商大盘,收缩部分变现表现不佳的业务

这样的优化方法虽然短期内达到了人员减少效果,但忽略了对分子的影响,更缺乏对于组织人效下滑的根因思考,有可能出现因采取粗暴的降本增效手段而损害企业竞争力。美太咨询认为,要提升人效首先应进行人效诊断,通过人效诊断可以达到以下效果:

1. 深刻洞察人效问题根本原因

人效诊断是一种系统性的方法。美太咨询的人效诊断方案以战略为出发点,对企业现状进行充分、多维度的调研,从上下、内外、前中后多方论证,谨慎定性企业的人效问题和问题产生的根本原因,从而有针对性地采取相应的改进措施。

2. 达成人效管理共识

人效管理是一个复杂而敏感的领域,涉及各个部门和各个层级。在人效诊断的过程中,各级管理者和员工可以参与调查、讨论和反馈,分享对人效管理的看法和建议。这种参与和沟通的过程可以促进组织内的共识形成,明确共同的目标和期望。诊断结果的呈现和讨论也可以帮助领导层和管理者深入了解人效现状,增强管理者和员工之间的理解和信任，为人效管理工作提供坚实的基础，推动组织朝着共同的目标努力。在组织变革过程中，人效诊断可以起到至关重要的作用。

3. 确保组织变革落地

组织变革往往会对员工的工作方式、角色和责任产生较大的影响。通过人效诊断，企业可以更好地了解变革对人效的影响，识别潜在的问题和挑战，并采取相应的措施确保变革的顺利实施。

人效诊断可以帮助企业评估员工在变革过程中的适应能力和准备情况。诊断结果可以揭示员工对变革的态度、对新角色和责任的理解以及对变革支持程度的评估。通过这些信息，企业可以有针对性地开展培训和沟通，提升员工的变革适应能力，减少变革带来的不确定性和阻力。此外，人效诊断还可以帮助企业优化变革过程中的人员配置和团队协作，确保变革方案的顺利实施。

一、人效诊断的一般方法

基于过往的人效管理项目实践经验，美太咨询总结了人效诊断常用的五种方法：外部标杆对标、内部横纵向对标、问卷调研、访谈调研和数据分析。访谈调研是人效诊断的核心，在项目的不同阶段可以多次进行访谈调研。

（一）外部标杆对标

外部标杆对标是指通过聚焦对标目的，以发现并解决核心问题为导向。设计对标体系。具体可以分为以下五步：

第一步，确定对标原则。对标原则可以根据企业的需求和目标来确定，常见的原则包括同行业对标、同业务对标和同业绩对标。同行业对标适用于企业希望与同一行业的竞争对手进行比较和学习；同业务对标适用于企业希望与在相同业务领域有较好表现的企业进行对比；同业绩对标适用于企业希望与在业绩方面具有优势的企业进行对标。对标原则如表3-2所示。

表 3-2 对标原则

对标原则	原则说明	排序指标参考
同行业	根据各业务领域下的企业所属细分行业或行业组合开展对标	
同业务	根据企业主营业务方向，选择相匹配的企业	
同业绩	根据企业经营业绩指标排名，选择业绩水平可比的企业	主营业务净利润及净资产收益率等
同规模	根据各业务领域的特点与企业管理导向选择能够体现差异的业绩指标，在同规模的对标企业范围内开展对标	营业收入、资产规模等
行业领先	根据企业在行业中的排名，选择排名前××名的企业	效益效率类
国际领先	选择国际一流知名行业	
同性质	选择企业类型趋同的对标企业	
同区域	根据企业所在地域，选择地域差异较小的企业	
同阶段	根据企业发展所属阶段，选择发展阶段类似的企业	发展阶段特征判定
人才竞争	根据企业人力流动方向，选择与企业存在人才竞争的企业	大数据分析
同效能	根据企业在行业中的效能排名，选择排名接近的企业	可定制选择效能排序指标

第二步，基于对标原则选取对标企业。基于上一步确定的原则，企业可以选择一定数量的对标企业，根据多样性的参照标准，进行更准确的对比分析。

第三步，确定筛选指标。在对标过程中，企业需要确定一组或几组适合对比的指标。这些指标应该能够客观反映企业的效率水平。根据对标的目的和关注的方面，可以选择不同的指标，如人均产值、人均利润、元均效能等。对于每个选定的指标，需要收集相关的数据，如企业的人数、营业收入、利润、人力总成本等。这些数据将成为后续对标分析的基础。

这一步是外部标杆对标的核心。对于人效项目来说，企业应当更多地选取与人效相关的检测指标。一般而言，企业所处的行业不同、发展阶段不同（初创/稳定/收缩）、管理要求不同，其人效监测指标构成就会有所区别，复杂度也会不一样。但不管企业处于哪个行业，企业规模如何，有几个指标，各家企业一般都非常关注。人效指标类型如表3-3所示。

表3-3　人效指标类型

人效指标类型	人效指标名称	人效指标概括
人均类	人均产值 人均利润	用于衡量人均效能，帮助企业了解各业务单元的基本人员效率
元均类	元均效能	企业每投入1万元人力成本对应多少企业收入，更注重投资回报率
占比类	人事费用率 人员费用率	人员成本在企业收入中占比越高，说明人力成本越高，也意味着人效可能越不占优势

续表

人效指标类型	人效指标名称	人效指标概括
增长率对比	员工平均工资增长率与销售增长率之间的对应关系	员工平均工资增长率÷销售（毛利）增长率，该值越小，说明企业的盈利能力越强

第四步，综合排名。在对标指标收集和整理完毕后，需要对指标进行标准化处理，使得异质指标能够进行同质化比较。标准化处理可以使用各种方法，如归一化、加权等，以确保指标具有可比性。接下来，可以根据预先设定的权重对各个指标进行客观的赋权排序。通过综合排名，可以得出各个对标企业在不同指标下的综合表现，从而形成对标企业之间的综合排名结果。

第五步，精准对标。根据综合排名结果，企业可以确定与其在不同指标下表现相近的对标企业。这些对标企业可以被视为企业的精准对标对象，通过与这些企业进行深入对比和学习，企业可以发现自身的优势和劣势，制定更有针对性的改进措施。精准对标还可以帮助企业识别并借鉴其他企业的最佳实践，从而提高自身的竞争力和效率。

（二）内部横纵向对标

内部横向对标是指对于集团型企业而言，可在总部、区域、项目各层级分别进行效能对比分析。通过横向对标，企业可以比较不同部门、团队或项目之间的人效差异，发现高效能的部门或团队的成功经验，并推广到其他部门或团队中。这种横向对标有助于实现知识和经验的共享，提高整个组织的人效水平。

以某大型移动通信运营商为例。该集团拥有多个子公司和区域分公司，为了提升整体人效，实施了内部横向对标的措施，通过比较不同区域之间的人效指标，如收入增长率、客户满意度和运营成本等，发现一些表现优异的区域，并从中总结出一些成功的管理经验和最佳实践。这些成功经验和最佳实践随后被推广到其他区域，促进了整个集团的人效提升。

内部纵向对标，一是从计划的执行与管控上，与人效预算做对比；二是从时间的延伸性上，与自己的过去和预算做对比。与人效预算进行对比主要是因为企业在正常经营的情况下，需要不断培养预算控制的能力，同时人效要不断达成甚至超越预算目标，才能持续提升，组织能力和活力才能不断增强。通过比较不同时间段的人效水平，企业可以评估自身的进步和改进的效果，以便制订更具有针对性的改进计划。

（三）问卷调研

通过向大量受访者发送问卷，我们可以获取来自不同部门、不同层级的观点和意见。这种广泛性的数据收集有助于获取多元化的信息，从而更好地理解受访者的需求、偏好和行为模式。通过设计问卷，可以确保每位受访者回答的问题都是一致的，更容易进行定性和定量的数据分析，降低主观性，提高数据的客观性。相对于访谈调研中的面对面交流，问卷调研可以减少主观因素的影响，受访者更倾向于独立思考并给出客观的回答。

由于人效问题涉及企业管理的方方面面，为了系统地识别问题，美太咨询在设计人效诊断的问卷时也会遵循人效管理的整体框架，按商业、组织、人才三个方面，从21个维度出发设计问题，为后续的定量分析提供数据支持。

（四）访谈调研

访谈调研是整个诊断过程中最重要的部分，可以通过组织公司高管、部门负责人的访谈，关键员工的集体座谈会，以及深入一线项目现场等多种形式，对企业价值链上各环节做场景化调研。

为了提高访谈调研的科学性和工作效率，并尽可能了解企业人员效能现状全貌，当企业下属单位数量过多时，可按"分层分类选代表"，选取访谈调研单位，尽可能覆盖各部门、各专业岗位，尤其关注近年人效偏低、偏高的部门。

在访谈调研中，我们通常运用一对一访谈法、焦点小组访谈法、现场观察法来展开深度调研访谈。

1. 一对一访谈法

这是人效访谈中最常用的深度调研方法，通过与受访者进行面对面的交流，可以深入了解受访者的观点、经验、态度和意见。一对一访谈法可以提供详细和个性化的信息，揭示受访者的内心想法和动机。由于人效话题的敏感性，受访者往往需要在相对私密的环境中才能自由表达想法，建议在安排访谈时选择私密性较好的办公室，除了访谈人和受访者，尽量不要有其他人在场。如果需要录音和做笔记，则最好在访谈前告知，向受访者解释这个阶段的访谈只是为了了解基本现状，找到问题根本原因，与降薪、裁员等没有直接联系。

企业在内部进行人效诊断时，可以使用如下十个简单问题，对员工进行访谈调研：

（1）贵公司的组织分工是否合理，边界是否清晰？是否存在横向协作效率较低的情况？

（2）贵公司的流程运作是否高效？是否存在冗余、低效、瓶颈或内耗等问题？

（3）贵公司是否有明确的决策机制，以保证关键重大决策正确？

（4）贵公司的编制是否科学，既保证支撑业务，又能确保最高的人效？

（5）贵公司的人才结构是否合理？

（6）贵公司人岗匹配程度怎样？是否做到人尽其才？

（7）贵公司的薪酬激励的效果怎样？是否发挥了激励应有的效果？

（8）贵公司的培训效果如何？是否能够达到预期？

（9）贵公司是否会使用知识萃取的工具，固化员工的最佳实践？

（10）贵公司对于核心资源的开发、利用怎样？是否存在资源的浪费？

2. 焦点小组访谈法

焦点小组访谈法是一种集体讨论的调研方法，通过组织一群具有共同特征的人进行讨论，访谈人可以获取不同观点和互动效应。焦点小组访谈法可以激发参与者的创造力和灵感，促进观点的碰撞和深入讨论。参与者可以在集体环境中相互启发和补充，产生更丰富的信息和见解。焦点小组访谈法适用于理解群体观点、探索共同问题、获取集体经验和挖掘潜在需求。访谈人可以通过观察小组互动、分析讨论内容和提取共性观点来得出结论。使用焦点小组访谈法进行人效访谈时，要注意尽量避免让小组成员直接对薪酬、编制等敏感话题发表评价，以免陷入谁都不说话的僵局，而要鼓励成员从描述现状出发进行开放性分享。

3. 现场观察法

现场观察法是通过直接观察受访者在实际场景中的行为和互动来获取信息。调研者可以深入了解受访者的实际行为模式、环境互动和背后的动因。现场观察法可以帮助我们获得客观、真实和详细的数据，避免受访者主观陈述和记忆的影响。通过观察行为、情境和交互，可以揭示出隐藏的细节和洞察，发现现象背后的因果关系。现场观察法适用于研究实际行为、用户体验、工作流程和环境因素，调研者可以通过记录和分析观察数据来推导结论。

（五）数据分析

管理大师德鲁克说过，如果你不能衡量它，就无法管理它。在进行人效诊断的第一阶段时，企业需要详细地收集各类数据并进行精准的分析，如资源使用数据、流程数据、人力成本数据、组织数据等，深入了解包含在数据中的信息和规律，找到关键提升点。

第三章
制定人效体系建设规划

065

人效诊断常用数据指标如表3-4所示。

表3-4 人效诊断常用数据指标

指标类型	子类型	指标名称
资源使用／运营能力	—	存货周转天数
	—	应收账款周转天数
	—	应付账款周转天数
	—	现金循环周期
	—	总资产周转率
	—	存货周转率
	—	应收账款周转率
	—	应付账款周转率
	—	流动资产周转率
	—	固定资产周转率
流程	—	流程总产出周期
	—	非增值性活动占比
人力成本数据	薪酬成本	固定薪酬：薪酬结构、薪酬竞争力、公平性
		绩效薪酬：绩效合理性、员工对绩效考核结果认同程度
		奖金激励：奖金激励有效性评估
		福利部分：福利激励有效性
	培训成本	培训效果评估、培训计划制订合理程度、培训成本占总支出、关键岗位继任计划覆盖率
	招聘成本	空缺岗位平均补充时间、内部晋升比例与绩优员工晋升比例的比率、新进员工招聘成本、新进员工社会招聘人数比例
人才队伍流量＆质量	人才结构	管理人员与业务人员比例、平均管理幅度、年龄结构
	人才密度	学历结构、职称结构
	人才流动性	绩优员工主动离职率、年／月离职率、关键岗位主动离职率

续表

指标类型	子类型	指标名称
工作分析	饱和度分析	人均工作时间、工作饱和度、工作均衡度
	定位分析	岗位定位是否与组织定位匹配
	匹配性分析	人岗匹配度

一般而言，内部数据主要来源于企业的战略运营/财务部门；外部数据则主要来源于行业内的上市公司年报、财报、持续发展报告或社会责任报告等定期报告，国家及行业协会或者专业第三方公司发布的相关数据报告，购买相关数据库或邀请第三方咨询公司或调研公司做专项调研，公司HR利用招聘机会或人脉资源获取相关信息等。

收集到诊断所需的数据后，一般用相关分析和回归分析对人效数据进行量化分析。相关分析是研究两个或两个以上处于同等地位的随机变量间的相关关系的统计分析方法。通过相关分析衡量相关系数，告诉你当其中一个变数改变时，另一个会跟着变多少。相关分析可以告诉你两个变量之间的线性关系。回归分析是确定两种或两种以上变量间相互依赖的定量关系的一种统计分析方法。例如，企业定编管理人员可在月度产量、员工人数等相关指标之间建立相关关系，根据相关系数的取值范围来决定是否具备回归分析的可行性。如果相关程度较高，便可拟合回归方程推算出每月计划生产数量所对应的员工人数、员工主动离职率和人均薪酬福利成本之间是否有关联性。

此外，还可能用到模拟和预测。例如，员工离职率对敬业度和人效有什么影响，对企业的规模增长有多大影响？我们能否通过改善员工离职率，驱动公司业务的增长？我们能否预测关键人才是否离职？模拟和预测能够为企业提前做好准备，减少不必要的损失，以达到运用数据驱动业务和人才决策。

二、人效诊断的快速方法

在人效体系建设的初级阶段，可考虑使用人效诊断的快速方法。如果没有时间做外部标杆对标、内部横纵向对标、问卷调研、访谈调研和数据分析，只是做基本调研也能发现一些问题。美太咨询建议企业可以问自己五个问题，从这五个问题出发审视组织现状，了解自身业务流转和服务体系中的痛点，为有针对性地采取举措、切实提升人效奠定基础。

第一，人数与工作量是否匹配？我们可以通过工作分析了解是否存在明显的人浮于事的情况。如果有好多人不干活，或者工作效率很低，那可以采取控编的方式来提高人效。

第二，流程的效率如何？如果员工普遍反映花在流程上的时间较长，则可以通过提高执行力的方法来提升效率。

第三，是否存在非增值性活动？非增值性活动是指对创造客户所需价值毫无贡献的活动。例如，提供无人阅读的报告、过多的检查、不必要的中转入库、等待时间等，如果这些活动其实并不创造价值，纯属是为了管人而管人，为了管制度而管制度，为了管流程而管流程，就可以在组织和流程方面做一些调整，减少不创造价值的环节。

第四，投入产出是否不均衡？例如，在当前经济下行的情况下，可以预测到整个公司的规模增长不如过去，但公司仍然每年还投入大量成本用于人才储备，这种投入就属于一种浪费。此时，我们更需要审视经济好时设定的业务流程和标准是否还适用于当前的形势，关键人才够不够，能否产出足够的价值，稀缺的、关键的资源应该怎么管，才能使它们的价值发挥到最大。提升资源的复用效率是当今提升资源利用效率的关键。

第五，成本结构是否还可以优化？要提升人力资源投入产出比，一个关键举措在于优化成本结构。我们要不断解剖、优化人力成本。从人力成本来看，固薪、五险一金、公积金、津贴、福利以及加班费，都属于固定的薪酬成本。此外，团建费、办公场地也属于固定支出。在成本结构优化时，重点围绕项目最小经营单元多做激励，引导创收，多以浮动形式进行激励，激发积极性的同时适当控制刚性成本的增加。同时敢于打破平衡，使工资、奖金等薪酬激励要逐步向绩优者和关键人才倾斜，拉开差距。

美太咨询为不同类型的客户提供不同类型的人效诊断方案，即使条件所限无法进行全方位诊断，也可以通过人效诊断的快速方法迅速审视企业现状，定位关键问题。

第二节
人效指标地图指引人效提升的路径

人效诊断后，我们会对公司人效进行拆解，明确人效产出的公式是什么，如何分解公式，一步步分解下来的二级因素、三级因素、四级因素分别是什么，相互之间关系如何。各级要素可以形成一个基本的逻辑关系图，人效指标地图就初步形成了。

在构建人效指标地图时，首先选择财务类的人效指标（如人均营业收入、人均利润等，要根据企业的实际需求来定义指标）；其次在初级诊断阶段构建一个简单的人效地图，把影响人效泡沫的关键因素整合到人效指标地图中（见图3-1）。

很多企业在设定一系列人效指标之后马上就会发现，按公司、按品牌、按事业部、按区域、按销售单元或按生产单元设定人效指标和开展人效分析都没问题。但研发部门的人效如何衡量？财务部门的人效如何衡量？人力资源管理部门的人效如何衡量？

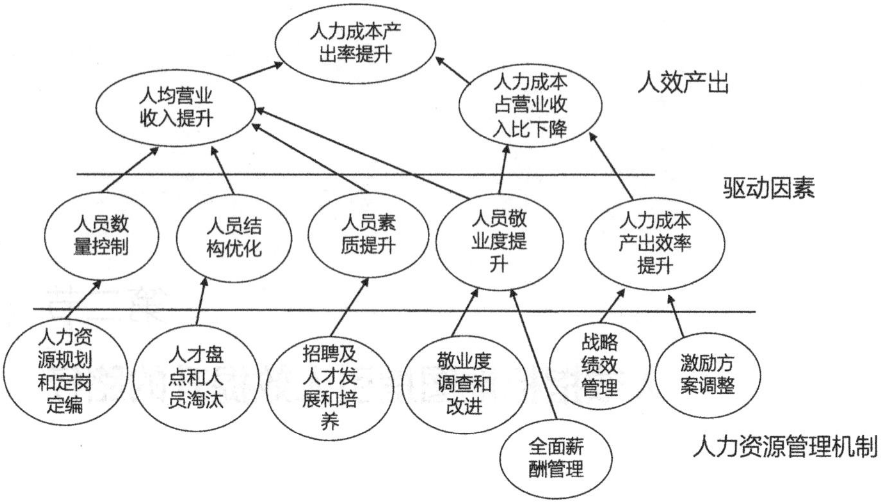

图3-1　人效指标地图示例

这是一个很常见的棘手问题，对于创造或参与创造直接价值的部门，因为产出是显性的、可衡量的，人效的定义就简单直接，但对于间接创造价值的部门，因为产出是隐性的、不确定的、滞后性的，人效的定义就显得复杂一些。

从实践经验的角度，美太咨询总结了一套对直接和间接创造价值的部门都同样适用的人效指标制定方法，帮助企业绘制自己的人效指标地图。这一方法要求企业首先定义部门的价值和效能，然后在此基础上定义部门的人效衡量指标。

一、定义部门的价值和效能

部门负责人与人力资源管理团队需要共同来思考和定义部门价值与效能如何衡量。例如，公司的信息技术部门全年开发的项目数量、项目工时，法务部门每年审核的合同数量、处理的诉讼数量等，采购部门每年的采购单数、采购批次、件数或采购金额等。我们可以借助IPOOC工具来分解和描述部门创造价值的过程，在此基础上，提炼效能指标。

IPOOC是战略解码过程中导出战略KPI（关键绩效指标）的工具，也可以作为分解和描述部门创造价值的工具。它有四个关键维度：输入（Input）、过程（Process）、输出（Output）和收益（Outcome）。

（1）输入。我们需要识别和描述部门所需的输入资源和要素。这包括人力资源、技术设备、原材料、信息和财务资源等。输入是部门运作的基础，提供了支持和驱动部门创造价值所需的物质和非物质要素。

（2）过程。我们需要详细描述部门的工作过程和活动。这包括各种任务、流程、方法和技术，用于将输入转化为输出。在描述过程时，应关注关键步骤、关键决策点和关键控制点，以确保高效和质量的价值创造过程。

（3）输出。部门的输出是其创造的实际结果和成果。这可以是产品、服务、报告、解决方案等，符合客户需求和期望。描述输出时，需要明确其特征、质量标准和交付方式，以确保输出能够满足客户需求并创造价值。

（4）收益。我们需要从内外部客户视角看收益，如经济结果、客户感受、品牌增值等。

通过使用IPOOC工具，我们可以系统地分解和描述部门的价值创造过程，明确工作目标和关键要素。使用IPOOC工具时注意，构成要素数量不能太多（4个左右为宜，要从顶层视角思考，从公司视角思考），要保证颗粒度。

例如，我们借助IPOOC工具把研发部门效能指标进行分解，如表3-5所示。

表3-5　研发部门效能指标分解

输入	过程	输出	收益
直接研发成本	研发项目周期	项目达标数	项目用户数
间接研发成本	项目数量	项目单量（按项目级别）	产品销量
研发人力配置	工作量	项目贡献值（贡献积分）	项目营业额、
研发人力成本	项目人天数		毛利额、净利润
	项目难度系数		

在借助IPOOC工具梳理完部门效能指标的基础上，部门负责人可以与人力资源管理团队研讨、挑选更符合业务实际的、更加体现未来战略导向的若干指标，按照可衡量的原则，选取3~5个核心指标，构成一揽子部门效能指标。

二、定义部门的人效衡量指标

将选出的部门效能指标，除以部门人数、人力成本等，就可以得出一个部门综合人员效能指标清单。在这一基础上，我们建议通过共创会或者工作坊的形式来开展人效指标的定义和分析，特别是涉及局部人效的研讨时。因为人效的定义、分析和改善并非人力资源管理部门一方可以全权推进的，内部共创、共建、共识的过程，对部门负责人了解概念、建立认知、加深理解以及驱动后续改善行动都有着至关重要的作用。

在完成初级压泡沫的阶段之后，通过自上而下、从宏观到微观的逐层拆解，再通过内外标杆或专家法，企业对影响人均效能的多维度因素进行有效剖析，明晰相互之间的影响关系，逐步找到当前影响人效提升的根源问题，从而构建一个升级版的人效指标地图。

在这个阶段，企业需要持续收集数据，结合财务、业务等数据对人效数据进行综合分析，从中找到企业可持续提升人效的大数据逻辑，并不断循环"模型验证—模型调整"步骤，对模型进行反复迭代，最后根据业务情况和数据收集的完整度进行动态调整，做到可持续提升人效。

第三节
由浅入深建立长周期的人效体系建设规划

人效管理是一个企业整体参与的、持续的、循序渐进的组织优化过程，需要系统规划、持续改进。美太咨询将人效体系建设分成短期、中期和长期三个阶段。在每个阶段，不同的方法和策略被应用来解决不同的问题，实现不同的目标。下面我们将对每个阶段进行更详细的论述。

一、短期：减冗余，压泡沫

人效管理的短期目标往往是快速解决人力成本高、人员冗余多等方面的诉求。这一阶段主要通过快速诊断来快速分类人才，快速"减脂"。基于人才和职责的人员配置策略如表3-6所示。

在这一阶段，第一，系统诊断保能力，确定业务增长所需的核心能力，在保留能力前提下推进人效提升。从战略要求、关键成功要素等推导出组织能力与人才的关键能力，对各层级人员关键能力进行定义与描述，为后续人才盘点工作打好基础。结合关键职能、能力与人才定义，建立分类人才管理机制，在后续组织与人效优化中，聚焦关键人才，培养潜在人才，优化低效员工。

表 3-6 基于人才和职责的人员配置策略

		非核心非必要	非核心但必要	核心且必要
人才	绩优员工	职能合并或外包，绩优员工转岗或兼岗	构建相对公平的激励和薪酬制度，强化保留的同时，控制成本，考虑职能/岗位合并	差异化激励，强化保留和吸引作用
	努力员工	职能合并或外包，考虑转岗或兼岗，严控人力成本	考虑职能或岗位合并，控制人力成本	考虑潜力及培养性，行为上牵引、能力上培养或实行转岗
	低效员工	一次性淘汰，节约成本	一次性淘汰，节约成本，提高人力成本的投资回报率	逐步过渡和淘汰，降低对核心业务，尤其是业绩的冲击
			职责	

第二，多维视角查短板。通过工作分析、内外部对标、研讨共识、赋能业务等多种视角、方法定位人效短板。关于这一点在本章我们已经有过详细论述，通过对商业、组织、人才多维度的深入分析，可以确定人效短板所在的具体领域，找到解决人效问题的抓手。

第三，快速见效树信心。为了在短期内取得阶段性胜利，企业需要追求快速见效的行动计划，包括测算人效优化所带来的成本降低，寻求最佳的人才管理和优化路径，以及"挤泡沫"，即削减冗余和无效的人力资源。通过这些行动，企业可以快速实现人效的提升和成本的优化，为整个团队树立信心，并为长期的人效改进奠定基础。

二、中期：强身健体，标杆拉齐标准

在人效体系建设的中期，企业可以通过内外标杆和专家法来实现人效拼图。在这个阶段，企业需要将人效与外部标杆进行对比，了解自身在关键领域的优势和劣势，同时，可以借鉴专家的经验和最佳实践，通过引进先进的管理方法和技术来提升人效。

第一，内外对标选标杆。通过内部对标、外部对标，选出各个基本经营单位的最佳实践。例如，全国有30个分子公司，在这30个分子公司中分别就组织、编制、流程、激励方案等分别找出一个最佳实践，通过经验萃取的方法把经验提取出来，形成人效提升案例集和指标数据库。

第二，分层定标促提升。在选出最佳实践的基础上，把30个分子公司分三类——最优类、中间类和最差类，对其设定不同的人效提升目标，再通过季度的滚动考核牵引三类分子公司去提升人效。

三、长期：提升企业竞争力

人效体系建设的长期目标是提升企业竞争力，实现人力资源管理的定制化、精益化和数字化。在这个阶段，企业需要将财务、业务数据及其与人的数据之间的关系导入系统，搭建人效仪表盘，开展大数据挖掘和监控。通过建立人效仪表盘，企业可以实时监控人效指标，发现潜在问题，并进行相应的调整和优化。这有助于企业更好地了解企业效率运转的情况，并根据变化快速做出响应。

人效提升是一个经验曲线，长期的人效提升的效益幅度有可能没有前两年那么大，但是只有通过持续建设和维护人效管理体系，才能帮助企业构建长期的可持续的竞争力。

四、案例：某大型物业公司的人效提升计划

某大型物业公司（B公司）由于所在行业内卷程度不断提升，希望通过提高人效来增加企业竞争力。下面我们将介绍美太咨询为该公司搭建人效模型的过程。

首先，我们应用价值链分析工具对B公司内部价值链进行了梳理，通过分析各环节价值创造方式，确定了各部门及其岗位的角色定位，从业务价值创造出发对人才进行了分类，区分出直接人员和间接人员（见图3-2）。

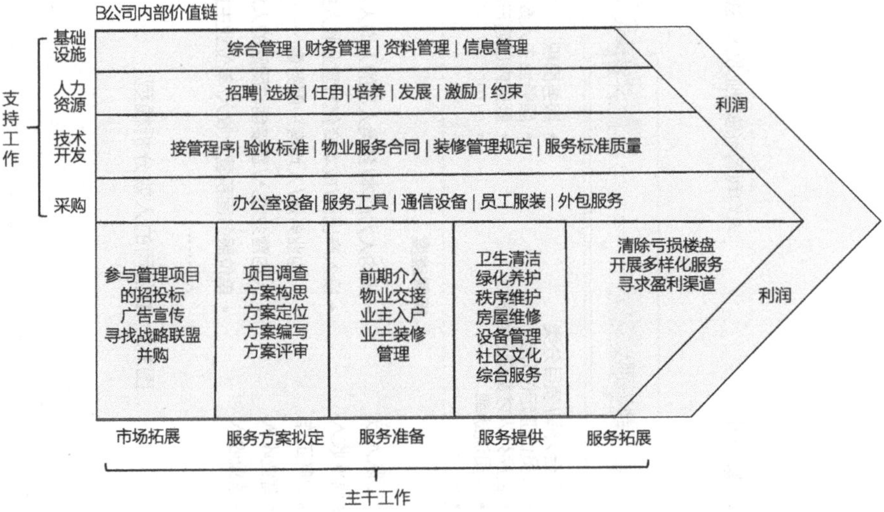

图3-2　B公司价值链分析

其次，从价值创造链出发，我们通过内外部标杆对比和多轮的访谈调研，结合从各部门收集的效率数据，对影响人效的各大维度进行逐层拆解、细化分析，厘清各维度因素间的相关性，构建出B公司的人效分析模型（见图3-3）。

最后，建立指标监控体系后（见图3-4），人效分析模型能即时反映其中变化情况，起到提前预警作用。

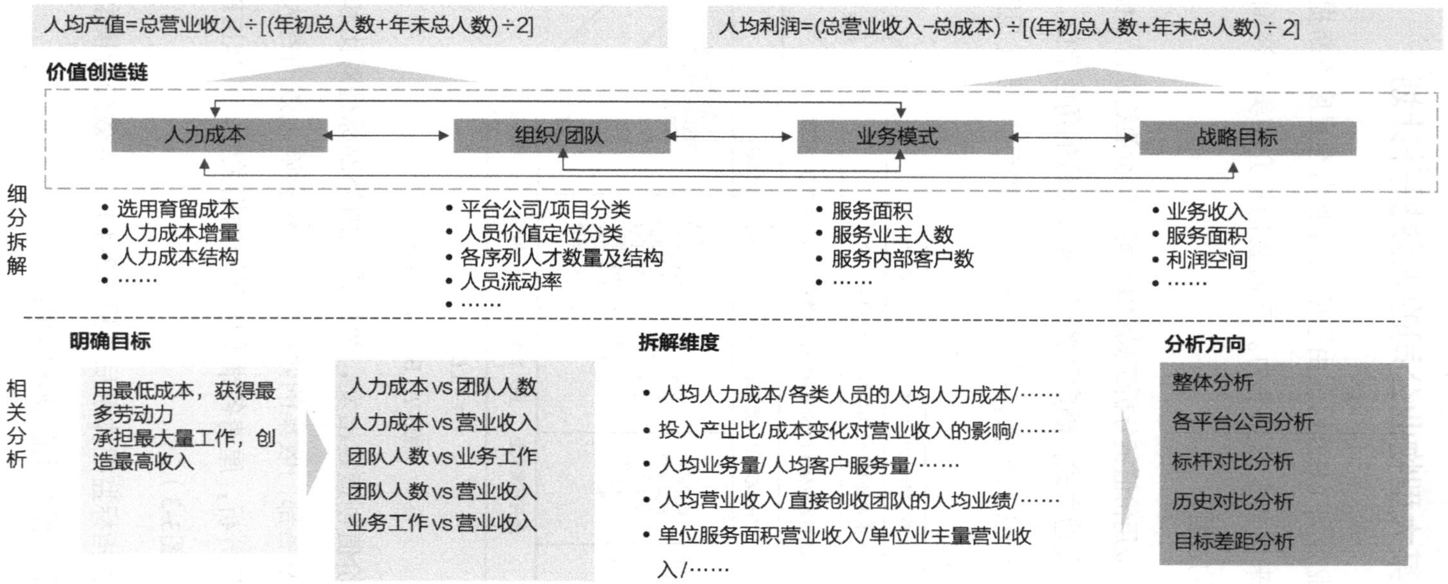

人均产值=总营业收入÷[(年初总人数+年末总人数)÷2]

人均利润=(总营业收入−总成本)÷[(年初总人数+年末总人数)÷2]

价值创造链

人力成本 ↔ 组织/团队 ↔ 业务模式 ↔ 战略目标

组分拆解

- 人力成本
  - 选用育留成本
  - 人力成本增量
  - 人力成本结构
  - ……
- 组织/团队
  - 平台公司项目分类
  - 人员价值定位
  - 各序列人才数量及结构
  - 人员流动率
  - ……
- 业务模式
  - 服务面积
  - 服务业主人数
  - 服务内部客户数
  - ……
- 战略目标
  - 业务收入
  - 服务面积
  - 利润空间

拆解维度

- 人均人力成本/各类人员的人均成本
- 投入产出比/成本变化对营业收入的影响/……
- 人均业务量/人均客户服务量/……
- 人均营业收入/服务团队的人均业绩
- 单位服务面积营业收入/单位业主量营业收入
- /……

分析方向

- 整体分析
- 各平台公司分析
- 标杆对比分析
- 历史对比分析
- 目标差距分析

明确目标

- 人力成本 vs 团队人数
- 人力成本 vs 营业收入
- 团队人数 vs 业务工作
- 团队人数 vs 营业收入
- 业务工作 vs 营业收入

相关分析

用最低成本，获得最多劳动；承担最大量工作，创造最高收入

图3-3 B公司的人效分析模型

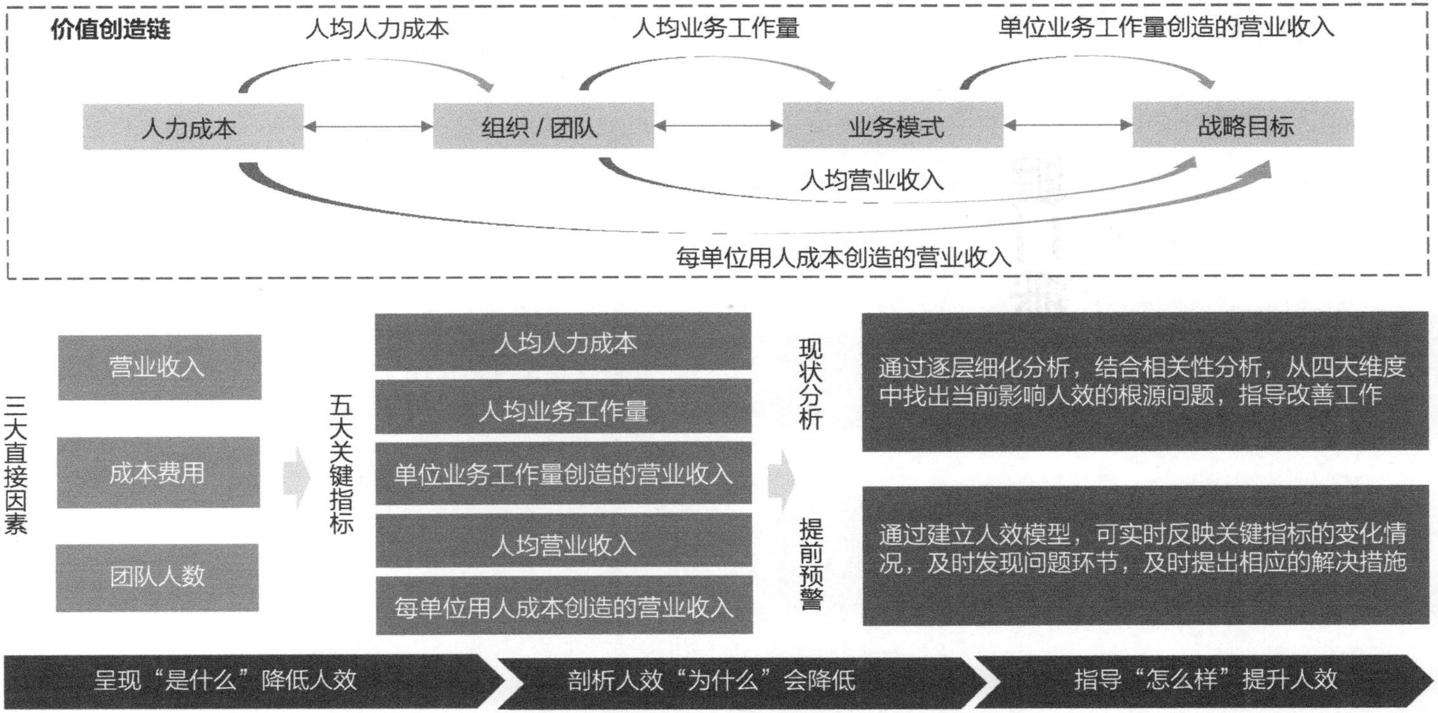

价值创造链

人力成本 ↔ 组织/团队 ↔ 业务模式 ↔ 战略目标

- 人均人力成本
- 人均业务工作量
- 单位业务工作量创造的营业收入
- 每单位用人成本创造的营业收入
- 人均营业收入

三大直接因素
- 营业收入
- 成本费用
- 团队人数

五大关键指标
- 人均人力成本
- 人均业务工作量
- 单位业务工作量创造的营业收入
- 人均营业收入
- 每单位用人成本创造的营业收入

现状分析：通过逐层细化分析，结合相关性分析，从四大维度中找出当前影响人效的根源问题，指导改善工作

提前预警：通过建立人效模型，可实时反映关键指标的变化情况，及时发现问题环节，及时提出相应的解决措施

呈现"是什么"降低人效 → 剖析人效"为什么"会降低 → 指导"怎么样"提升人效

图3-4 B公司的人效指标监控体系

第二篇

人效提升的
21个要素和配套工具

第四章

将人效优化与
商业模式链接

根据经典的"微笑曲线"理论（见图4-1），产业链中的附加值更多体现在专利、技术和品牌、服务两端，处于中间环节的组装、制造附加值最低。以手机产业链为例，在产业链的左边，拥有技术研发和核心部件制造能力的企业通常是价值链的中心，这些企业通过技术创新和品牌建设实现了较高的利润率，在市场上具有较高的竞争优势，能够赚取更多的利润；曲线的中间则是负责组装、制造的企业，它们面临着成本压力，利润空间相对较小，通过规模效应和低成本优势在大批量生产中获得一定的利润；曲线右边则是负责营销和服务的企业，它们的成本压力较小，与中间相比利润空间也更大。

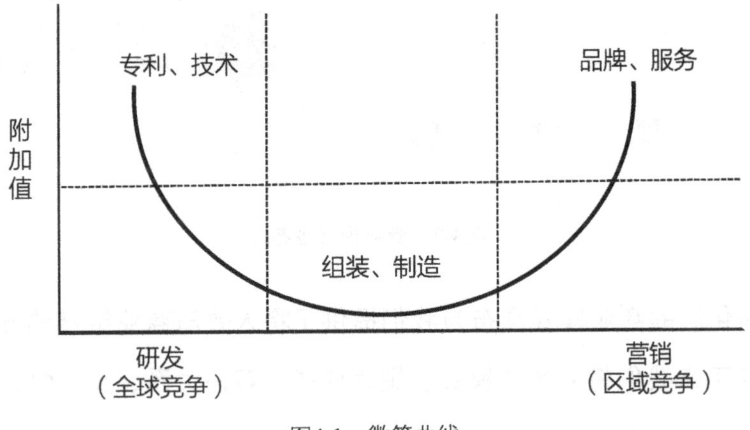

图4-1 微笑曲线

这一理论生动地展示了商业模式对企业经营结果的影响。如前文所述，人效管理的一大误区就是直接将人效等同于传统的减员、降薪等粗暴手段，而美太咨询认为人效的本质是提升企业竞争力，在这一章中我们将把商业要素如何影响人效阐释清楚。

亚历山大·奥斯特瓦德提出的商业模式画布（见图4-2）是目前应

用最广泛的商业模式分析和创新工具，这一工具将企业的商业模式分解为九个要素：价值主张、核心能力、关键资源、重要伙伴、目标消费群体、客户关系、渠道通路、成本结构、收入来源。美太咨询将这九个要素简化为五个维度的内容：如何提供？提供什么？为谁提供？成本多少？收益多少？

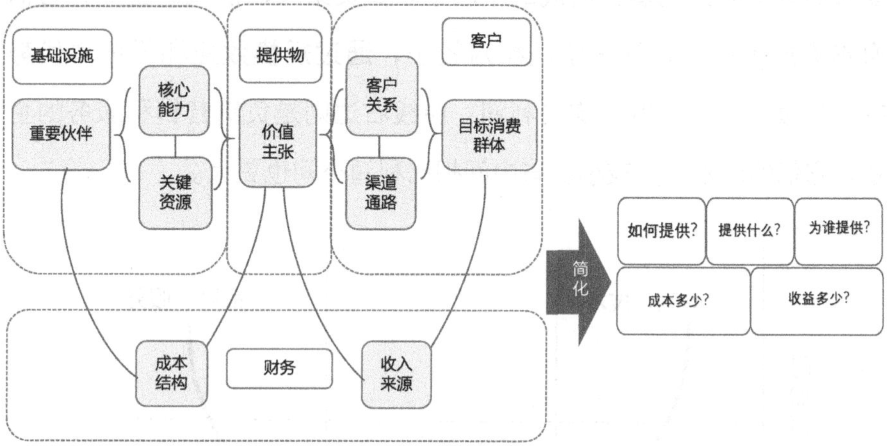

图4-2　商业模式画布

简化后的商业模式画布为我们提供了将人效与商业链接的分析框架，接下来我们将从商业模式、销售模式、客户关系、交付物、财务五个维度来介绍如何提升人效。

第一节
影响人效的第一要素——商业模式

在当今激烈的市场竞争中，企业想要获得生存和持续发展，就要不断变化企业的商业模式以适应不同发展阶段的不同要求。纵观成功企业的发展历程，大部分企业在创业初期都会聚焦在一个产品上，但是无论任何产品或者市场都有其规模的上限。那么，当企业发展进入成熟期时，企业产品的市场份额将在行业中占据头部位置，这时的企业会迎来发展的瓶颈期。企业一旦停止增长，就会暴露各种各样的管理问题。

企业在创立初期聚焦某一产品，经营这一产品的增长逻辑是不断提升在这个赛道中的竞争力。但是，这个市场一定会面临瓶颈。在瓶颈期到来之后企业应该如何应对呢？答案是，向价值链的上下游延伸（专业术语为前向一体化和后向一体化）。企业向供应端的发展是前向一体化，向客户端的延伸是后向一体化。经过价值链的延伸，企业就会由单一赛道发展为多赛道，那么一个单体公司也会慢慢变成一个集团型公司，一个市场细分领域也将扩展至一个产业。随着不断的发展，产业也将面临发展上限，这时我们将向不同产业进行覆盖，形成多元化发展的商业模式。

一、向上游延伸

企业可以向原有价值链上游拓展，参与到供应链的前端。例如，参与原材料采购、产品设计和研发等环节。通过控制供应链的关键环节，企业可以更好地掌控成本、品质和创新，减少对外部供应商的依赖，提高自身的竞争力。例如，苹果公司通过与芯片制造商合作，延伸到芯片设计和生产领域，以确保产品性能和技术优势。

二、向下游延伸

企业可以向原有价值链下游延伸，参与到产品销售、分销和售后服务等环节。通过直接接触客户和提供完整的解决方案，企业可以提高产品的附加值和客户满意度，增加收入来源。戴尔公司通过直销模式，不仅提供计算机硬件，还提供定制化的解决方案和优质的售后服务，从而与竞争对手区分开来。

三、横向延伸

企业可以在原有的产品或服务领域之外进行横向延伸，开拓新的业务领域和市场。这需要企业具备跨界整合和创新能力，以满足不同领域的客户需求。谷歌从互联网搜索引擎起家，逐渐延伸到广告、云计算、人工智能等领域，形成了多元化的业务布局。

通过价值链延伸，企业能够拓展产品或服务的范围，进入新的市场领域，吸引更多的客户群体。这样做不仅能增加销售额和市场份额，还能创造更多的商业机会和增加盈利潜力，成功扩大人效公式中的"分子"。同时，企业与供应商和合作伙伴建立更紧密的合作关系，可以帮助企业优化资源配置、降低成本、提高交付速度和质量，减小人效公式中的"分母"。

四、案例1：亚马逊是如何通过价值链延伸来实现商业升级的

亚马逊（Amazon）作为全球最大的电子商务公司之一，展现了成功的价值链延伸战略。从最初的在线书店起步，亚马逊逐步延伸其业务范围，通过不断扩展产品种类、建立物流网络和发展云计算服务，实现了持续增长和市场领导地位。

首先，亚马逊通过向下游延伸，实现了全面的产品销售、分销和售后服务。他们不仅销售图书，还逐渐增加了其他商品类别，如电子产品、家居用品、服装、食品等。这样的延伸使得亚马逊成为一个综合性的电商平台，能够满足客户多样化的购物需求。此外，亚马逊还推出了Prime会员计划，为会员提供快速配送和独家优惠，提升了客户的购物体验。

其次，亚马逊通过建立强大的物流网络，提供高效可靠的配送服务，进一步延伸了其价值链。他们投资建设了先进的仓储和配送中

心，并推出了FBA（Fulfillment by Amazon，亚马逊物流）服务，允许第三方卖家将商品存储在亚马逊的仓库中，并由亚马逊负责物流和配送。这使得卖家和买家都能享受到快速、可靠的物流服务，增强了亚马逊在电商领域的竞争力。

另外，亚马逊的重要战略举措是通过云计算领域的价值链延伸来推出AWS（Amazon Web Services，亚马逊云计算服务）业务。AWS提供了弹性计算、存储、数据库、人工智能和机器学习等云服务，为企业和个人提供了高效、可靠、灵活的云解决方案。亚马逊通过利用其在大规模数据处理和基础设施建设方面的经验，成功进入云计算市场，并成为全球领先的云服务提供商之一。

通过这些价值链的延伸，亚马逊实现了多元化的业务布局，提供了全方位的购物体验和技术解决方案。他们不仅在传统的零售领域取得了成功，还进一步扩展到物流和云计算领域，为企业和消费者提供了更广泛的服务，提升了企业的核心竞争力。

五、案例2：G公司的商业模式升级

美太咨询曾用八年的时间辅导G公司，帮助该公司的营业收入从7000万元增长到17亿元，人均利润增加了五倍。我们将以G公司为例介绍企业如何通过价值链延伸来实现商业升级、提升人效。G公司的商业模式升级过程如图4-3所示。

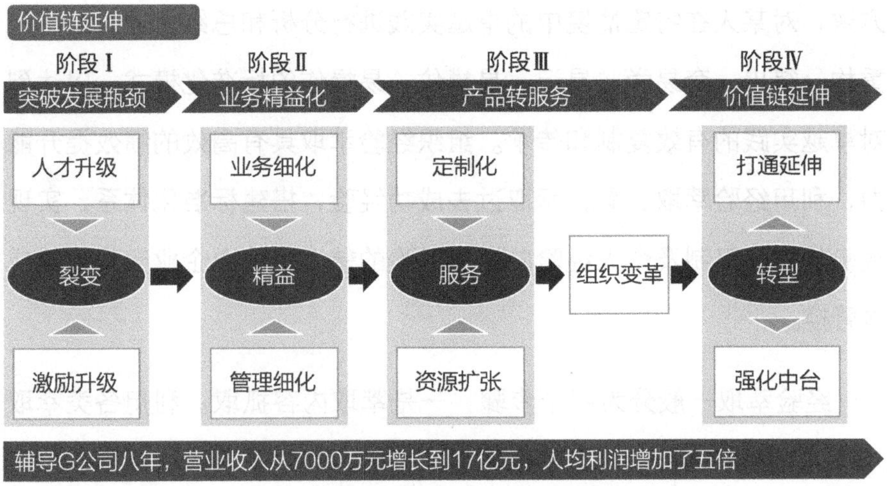

图4-3 G公司的商业模式升级过程

（一）阶段Ⅰ：突破发展瓶颈

G公司位于广东省深圳市，创始者原就职于一家外企，彼时正值某大型外企需要在中国本土开拓代理商，于是决定辞职创业。

在企业创立初期，创始者多是利用过去积累的客户资源进行产品销售。2010年，G公司年营业收入达到7000万元，同时，公司也在此时进入了瓶颈期，营业收入处于停滞状态。通常，公司在创立初期主要以减少风险为主，在招聘方面也会选择较为保守的方式，不会在该阶段招聘过多员工。因此，在该阶段创始者将承担比较多的角色及工作内容，如销售、财务等，以此来节约成本、减少风险，实现利润最大化。在我们与G公司进行第一次咨询服务中，根据公司的所处阶段及其面临的问题，我们提出了两点建议。

首先是优秀经验的萃取及复制。经验萃取就是通过一系列有效的方法，对某人在特定情境中的卓越实践进行分析和总结，通过解构和重构，得出一套易学、易记、易模仿、易操作的标准化模式，以达到对卓越实践的有效复制和传承。组织经验萃取具有高效的绩效提升能力，利用经验萃取工具，萃取过去成功经验，搭建标准化体系，实现经验的快速复制及个人经验向组织经验的转换，助力企业实现高效成本管控。

经验萃取一般分为四个步骤：一是萃取内容抓取。利用各类萃取方法，在萃取过程中结合专家访谈、头脑风暴等手段，依照内容分类（理念、知识、技能）进行萃取内容的抓取。二是萃取标的确定。确定期望萃取的经验标的，确定萃取目标，设计编写萃取任务书。三是萃取产出设计。对抓取出来的萃取内容进行萃取产出的设计。一般来说，主要的产出物可以是萃取经验的理论框架、操作手册和培训材料等，衍生出来的产出物会有宣传稿和案例等。四是结果应用。萃取出来的结果将为企业培训发展做出贡献，按照先前分类对不同岗位、不同层级的员工进行经验分享与传授，同时对企业知识库进行补充，在未来的经验分享中不断对萃取出来的经验进行更新。

其次是通过优化人才结构来提升人效。公司需要基于业务发展需要，合理配置员工整体结构。G公司已经从投入/孵化阶段进入高速增长阶段，产品、服务或商业模式趋于成熟，获得市场验证和客户的认可，可以利用市场机会，快速复制过去的成功经验（复制同类产品，扩展新的市场等），使公司进入快速发展阶段，并逐步获得高速的增长和稳定的盈利。根据G公司的产品，建议使用"倒三角形"，该人才结构具有一群优秀员工一起工作、只要少量执行员工的特点，适用于需要高突破、高创新、高质量交付或服务的工作场景；劣势是团队较难以管理，外聘员工流失率高，在管理上需要注意打开专业发展通道，增加团队建设的投资，自己培养人才。这是对G公司进行人才升级，将原来薪资较低、能力欠佳的员工淘汰掉，提高人员招聘要求，上调薪资，招聘符合公司现阶段发展的员工。

经过第一次的调整，G公司将成功的经验复制在优秀员工身上，这不仅帮助公司实现了快速增长，也让公司在全国开始设置不同片区并将该模式进行复制。

（二）阶段Ⅱ：业务精益化

公司经过第一次的调整后开始分片区进行销售，但管理仍然是粗放的。在第二次咨询服务中，我们主要做的事情是帮助公司进行客户的分类，将公司的销售模式由粗放向精益化进行升级。因为公司有多个片区，但是每个片区有十几位销售人员，他们的工作内容是相同的。我们知道每个行业的客户都可以细分。例如，公司的客户都是汽车制造商，但汽车制造商的规模、付款能力等都存在差异，此外，也会存在一些规模较小的做贸易的公司。

销售模式的精益化管理要求不同规模的客户匹配不同类型的销售人员，进行对接与管理。管理大型规模的客户与中小型规模的客户对销售人员的能力要求有所不同。根据我们的观察，通常做大客户销售的人员反而性格较内向，特别是To B（To Business，企业客户）群体的销售人员，面对中小客户或To C（To Customer，一般客户）群体的销售人员一般性格较外向。这个现象非常有意思，甚至颠覆了我们对销售的传统认知。所以，在第二次咨询服务中我们对大客户和中小客户进行分类，然后对人员、机制、流程也进行相应的分类，这样公司就会让少量专业的人员去深耕大客户群体，那么公司的人效、收入、规模也将快速提升。因为我们针对不同规模客户对接的人群、激励都是不一样的，所以我们可以在提升服务质量的同时加深客户的黏性，形成市场竞争力。

（三）阶段Ⅲ：产品转服务

因为前期与客户的合作以及带给客户的价值赢得了客户的信任，所以几年后客户当再次遇到发展瓶颈时又找到我们进行了第三次咨询服务。在第三次咨询服务中，我们建议客户向定制化方向发展，因为经过前两次的变革公司的销售模式精益化升级已经做得很好，与大客户的关系（包括技术部门、采购部门、高层）已经深耕了很久，这个时候可以由只卖单一产品，转为向定制化方向发展。公司与客户之间已经建立了非常深厚的信任基础公司，对客户的需求也能够理解到位，所以在建立客户关系、客户资源后，接下来就是要帮助公司围绕大客户去做定制化产品。

（四）阶段Ⅳ：价值链延伸

在阶段Ⅲ之前，公司的主要经营模式是代理其他厂家产品。从阶段Ⅲ开始，公司开始为客户制订定制化方案，同时，我们建议客户开始储备、培养公司内部的售前、售后人员以及具备技术背景的销售工程师。所以到阶段Ⅳ，公司开始收购、建造工厂，这就是由分销模式转化为产研销一体模式。在美太咨询八年的陪伴式辅导下，G公司最终实现了营业收入从7000万元增长到17亿元的跨越，成功实现了商业模式的转型升级。

第二节

直销还是分销，人效大不相同——销售模式

常见的销售模式包括直销、分销、特许销售、电商销售、网络直播、会展销售等，这些销售模式之间没有绝对的优劣，企业需要根据自身所处阶段和外部环境的变化灵活变更销售模式来提升营业收入和利润，实现人效的提升。

一、通过直销转分销模式来提升人均营业收入

增加分销模式可以改善企业人均营业收入较低的情况，即在分销模式下增加代理、经销商等帮助企业进行销售。与直销相比，分销模式的投入较少，辐射面广，对自身的人力资源及管理能力要求较低，可以帮助企业快速提升人均收入。

以华为为例。华为做直销起家，创立之初瞄准尚且空白的县级和乡镇级市场，采取"农村包围城市"的模式，市场上拼杀的销售人员都身手不凡。他们采取了人海战术，划分区域，密集拜访与培育客户，逐渐

占领广大的农村市场，建立了稳固与扎实的根据地。通过直销方式，华为深耕农村市场，持续积累了宝贵的渠道与产品经验，为之后的"进城"建立了自信，积累了资金，打下了综合性的基础，销售业绩从1亿元增长到100亿元。

1998年10月，华为渠道拓展部成立，标志着华为渠道战略开始升级，从直销模式转向更为经济且发展空间更大的"直销+分销"模式。华为以多种方式发展合作伙伴，如鼓励内部员工创业，转成代理商，在海外建立代表处或事业部，发展当地代理商等。在分销渠道的管理上，为保证渠道代理商的长期利益，华为建立了奖励机制，激励与管控并举。通过这些举措，华为建成了规模化的分销体系，拉起华为渠道的第二条生命线，销售业绩从100亿元增长到1000多亿元。

在移动互联网时代，华为运用数字信息化手段把线上与线下、直销与分销融合，全渠道无缝连接，打造共享平台，营造和完善全渠道的平台营销模式。截至2022年年初，华为的企业市场合作伙伴超过3万家，其中销售伙伴超过2万家，解决方案伙伴超过1800家，服务与运营伙伴超过6200家，人才联盟伙伴超过2000家。

二、通过分销转直销模式来提升人均利润

直销模式可以减少中间商赚取差价的环节，提升人均利润。宝马计划在欧洲推行新的销售模式，在该模式下，代理经销商的销售权将被取消，取而代之的是厂家直接销售车辆。在新销售模式下，厂家将

为客户直接开具发票，并由经销商负责交付新车并收取每辆售出车辆
的固定费用。相关调查表明，欧洲的高档汽车制造商通常会为经销商
提供12%~16%的利润，而直销模式大致能够减少一半的佣金。对宝马
来说，在欧洲推行直销模式就是提升人均利润的必要之举。

第四章
将人效优化与商业模式链接 | 097

第三节
黏住客户可以快速提升人效——客户关系

客户与企业之间的互动存在一个完整周期，根据客户的生命周期（见图4-4），企业可以对不同阶段的客户采取不同的策略，满足客户需求，增加客户价值，提高客户满意度和忠诚度，并最终增强企业的竞争力，提高企业的盈利能力。

研究发现，开发一个新客户的成本通常是维护一个老客户成本的3~5倍。因此，如果企业的客户存在复购或者客户推荐的情况，那么对客户关系进行周期性管理，就会大幅提升企业的人效，特别是在当下中国各个行业已经由增量市场进入存量市场的时代。

一、获取阶段

在获取阶段，潜在客户首次认识到企业或其产品/服务的存在。他们可能通过广告、推广活动、口碑传播或市场宣传等渠道了解企业。企业的目标是引起客户的兴趣，并使其对产品或服务产生兴趣。

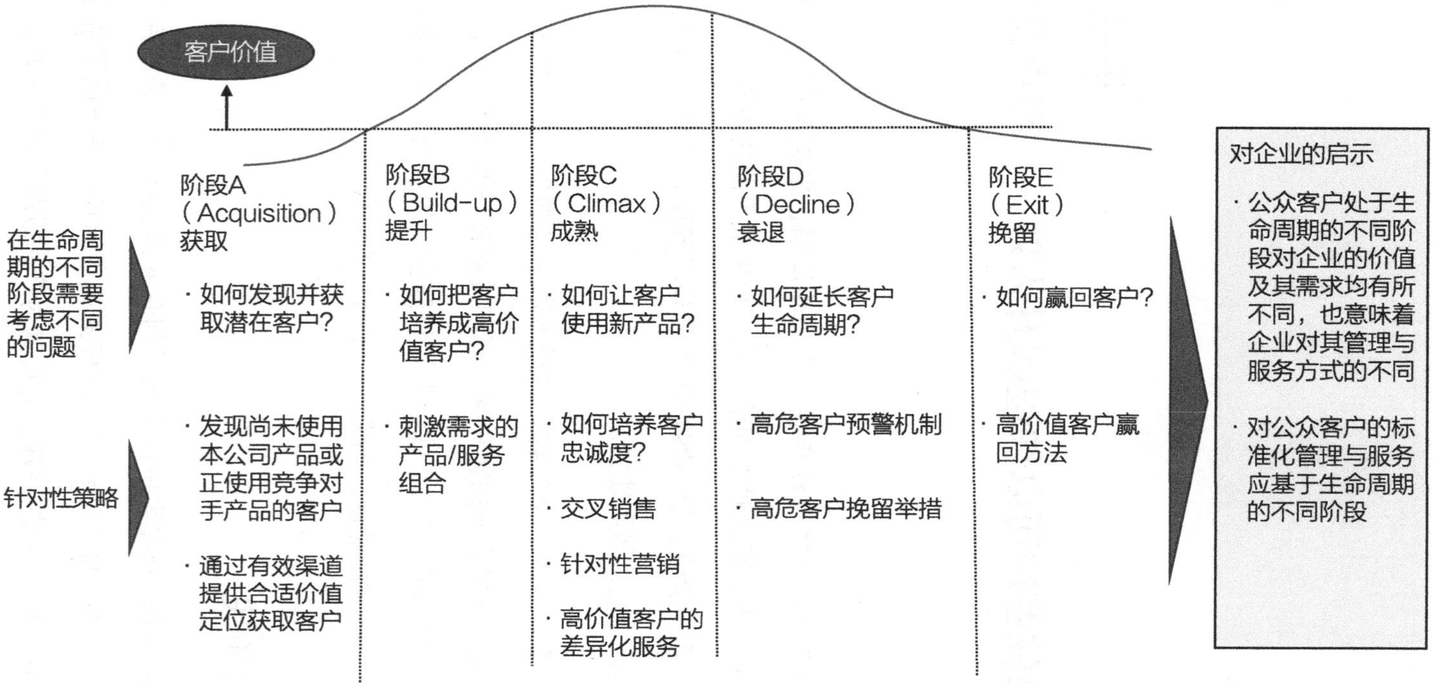

图4-4 客户生命周期

客户价值

在生命周期的不同阶段需要考虑的问题：

- 阶段A（Acquisition）获取
  - 如何发现并获取潜在客户？

- 阶段B（Build-up）提升
  - 如何把客户培养成高价值客户？

- 阶段C（Climax）成熟
  - 如何让客户使用新产品？
  - 如何培养客户忠诚度？

- 阶段D（Decline）衰退
  - 如何延长客户生命周期？

- 阶段E（Exit）挽留
  - 如何赢回客户？

针对性策略：

- 发现尚未使用本公司产品或正使用竞争对手产品的客户
- 通过有效渠道提供合适价值定位获取客户

- 刺激需求的产品/服务组合

- 交叉销售
- 高价值客户的差异化服务

- 高危客户预警机制
- 高危客户挽留举措

- 高价值客户赢回方法

对企业的启示：

- 公众客户处于生命周期的不同阶段对企业的价值及其需求均有所不同，也意味着企业对其管理与服务方式的不同
- 对公众客户的标准化管理与服务应基于其生命周期的不同阶段

企业可以通过广告，宣传、市场活动等方式提高企业品牌的知名度，使潜在客户能够认识到企业及其产品/服务，然后再确定目标客户群体，并根据其需求和特征进行市场细分，以更精准地传递信息和吸引目标客户的注意，提供吸引人的价值主张和购买动机（有吸引力的价格、优惠、产品特性、售后支持等），使客户选择购买自己的产品或服务。

二、提升阶段

在提升阶段，企业与客户建立持久的关系，并通过提供卓越的客户体验和增值服务来增加客户价值。企业可以从以下几点将获取的客户转化为高价值客户。

（1）个性化沟通和关怀。了解客户的偏好和需求，通过个性化的沟通方式与客户互动，提供定制化的建议和解决方案，加强与客户的联系。

（2）提供增值服务。为客户提供额外的价值，如培训、咨询、技术支持等，增加客户的满意度和忠诚度。

（3）忠诚计划和奖励机制。设立忠诚度计划，提供积分、折扣、礼品等奖励，激励客户保持长期合作关系。

三、成熟阶段

在成熟阶段，企业努力保持现有客户，并促使他们重复购买。企业可以通过交叉销售、针对性营销等推动客户尝试新产品。同时，通过提供优质的售后支持、客户关怀和满意度调查等措施增加客户的忠诚度，降低客户的流失率。

（1）提供优质的售后支持。确保客户在使用产品/服务过程中得到及时和高效的售后支持，解决问题并提供解决方案。

（2）定期沟通和回访。保持与客户的良好沟通，定期回访，了解客户的反馈和意见，并及时采取措施解决问题。

（3）客户满意度调查。定期进行客户满意度调查，了解客户对企业的满意度和改进的意见，及时调整和改进服务。

四、衰退阶段

在衰退阶段，客户对企业提供的产品和服务逐渐失去兴趣，购买频次降低，随时都有可能离开。企业应当关注如何延长客户的生命周期，为正在衰退的客户群体建立预警机制，制订高危客户挽留计划，在识别到客户可能离开后及时响应。

五、挽留阶段

客户可能离开企业，不再购买企业的产品或服务。在挽留阶段，企业应该尝试重新吸引离开的客户，根据离开客户的原因和偏好，制订个性化的回归计划，重新吸引客户回归，并提供特别优惠或奖励来恢复关系。通过持续的沟通和关怀，提供个性化的解决方案，重新赢得客户的信任和支持。

六、案例：中国电信在客户生命周期各阶段的策略

中国电信在客户生命周期各阶段的策略见表4-1。

表 4-1　中国电信在客户生命周期各阶段的策略

五个阶段	主要分析工作（以中国电信为例）
获取	• 分析、预测潜在市场的规律及变化（主线普及率、收入增长、市场调研等） • 分析、跟踪新进客户的构成及其关键购买因素
提升	• 分析在网客户的业务使用情况（增值业务、上网 / 宽带等） • 了解价值提升的瓶颈
成熟	• 分析、跟踪成熟客户的忠诚度及深入需求，包括对新业务的需求
衰退	• 分析、监控话务量变化，辅以电话调研等手段了解行为规律及关键驱动因素 • 密切了解竞争态势，制定针对性营销举措
挽留	• 建立、维护离网客户数据库 • 开展针对性的客户保留和赢回

第四节

卖什么给客户决定了人效的等级——交付物

从交付物的视角，企业可以考虑标准化产品和定制化产品的转换。标准化产品的优势在于可以批量生产，快速提升市场覆盖率；定制化产品的优势在获得的利润较高。企业也可以为高黏性客户提供更多的周边产品以提升人均营业收入，或者聚焦核心价值链环节，将非核心环节外包。

一、给标准化产品补充定制化服务，以提升人均利润

给标准化产品补充定制化服务是一种常见策略，可以通过满足客户个性化需求提升产品的附加值和人均利润。这种策略允许企业在提供标准化产品的基础上，为客户提供个性化的服务和体验，以区别于竞争对手，增强客户黏性，并进一步开拓市场份额。

常见的方法是通过定制化的配置选项或附加服务来满足客户的特

定需求。企业可以提供多种选项，使客户能够根据自己的偏好和要求定制产品的规格、颜色、功能等。此外，企业还可以提供定制化的售后服务、技术支持、培训等，以确保客户获得满意的使用体验。

典型的案例就是乐高。乐高是一家以标准化积木玩具闻名的公司，但他们成功地将定制化服务与标准化产品相结合。乐高通过设计工作室和乐高店铺等渠道，为客户提供个性化的乐高积木设计和制作服务。客户可以在乐高店铺中使用定制化工作站，根据自己的喜好和创意构建独特的积木模型，并在现场制作和购买。这种定制化服务使乐高能够满足客户的个性化需求，提供独特的乐高体验，从而增加人均利润。

二、将定制化服务做标准化处理，以提升人均营业收入

通过将定制化服务的某些方面进行标准化处理，企业可以在满足客户个性化需求的同时，实现规模化生产和效率提升。这种标准化定制的模式可以帮助企业提高生产效率、降低成本，并进一步提升人均营业收入。

常见的方法是将定制化的选项和流程进行标准化。企业可以在产品设计阶段制定一套标准选项，包括规格、颜色、功能等，以便客户进行选择。同时，建立标准化的生产流程和操作程序，以确保每个定制化订单的高效处理和交付。这样一来，企业可以在保证产品质量和交付时间的前提下，实现规模化生产和成本控制。

典型的案例是星巴克的咖啡服务。星巴克通过标准化的咖啡配方

和制作流程，为客户提供个性化的咖啡选择。客户可以根据自己的口味喜好选择咖啡豆种类、浓度、添加物等选项，并要求特定的奶制品和甜度。尽管每个订单都是定制化的，但星巴克通过标准化的咖啡制作流程和培训员工，保证了高质量的咖啡制作和一致的口味体验。这种标准化的定制化服务模式使星巴克能够快速响应客户需求，提供个性化的咖啡体验，并在规模化运营的基础上实现较高的人均营业收入。

三、为高黏性客户提供更多的周边产品，以提升人均营业收入

高黏性客户是那些对企业品牌和产品具有强烈依赖性和忠诚度的客户群体，他们通常对企业的产品或服务有较高的消费频率和较长的消费周期。通过为这些客户提供与核心产品相关的周边产品，企业可以实现附加销售和交叉销售，进一步提升客户价值和人均营业收入。

以苹果的生态系统模式为例。苹果以其知名的iPhone为核心产品，围绕该产品构建了一个完整的生态系统，包括配件、应用程序、云服务等。苹果的高黏性客户倾向于购买苹果的多种产品和服务，并将它们整合在一起使用，形成了一个相互依赖的生态系统。例如，客户购买了iPhone后可能会购买Air Pods无线耳机、Apple Watch智能手表等配件产品，并使用iCloud云服务进行数据备份和同步。这些周边产品和服务不仅增加了客户的购买额度，还提高了客户的黏性和忠诚度。

通过提供周边产品，企业可以深化与客户的关系，促进客户消

费，提升人均营业收入。这种战略能够有效地利用现有客户资源，为企业带来持续的商业增长和竞争优势，从而实现持续的人效提升。

四、聚焦核心价值链环节，将非核心环节外包

企业可以通过将企业的精力、资源和专长集中在核心环节上，同时将非核心环节外包给专业供应商，以实现更高的效率、灵活性和专业化。外包非核心环节可以减少企业的运营成本，专业供应商通常具有规模经济和专业化的优势，能够以更低的成本提供服务。此外，外包还可以减少企业的固定成本和人力资源投入。

以耐克的供应链管理为例。耐克将设计、市场推广和品牌营销等核心环节保留在内部，而将制造、物流和分销等非核心环节外包给专业的合作伙伴。通过与全球范围内的制造商和物流服务提供商建立战略合作关系，耐克能够实现高效的生产和供应链运作。耐克的供应链管理采用了精细的计划和协调，以确保产品的准时交付和质量控制。耐克与合作伙伴共享信息和数据，建立了实时的供应链可见性和协同，使生产和配送环节更加协调和高效。这样的策略使耐克能够专注于创新和品牌建设，根据市场需求快速调整产品的设计和生产，降低库存风险和资本投入。

第五节
从规模效应和范围经济视角提升人效——财务

从财务的视角，企业可以通过实现规模效应和范围经济来优化人效，既可以从人效公式的"分子"入手提高企业经济效益，又可以从"分母"入手降低成本，从多个方向提升企业运转效率。

一、实现规模效应

规模效应是指企业在生产和经营过程中，随着产量或规模的增加，单位成本逐渐下降的现象（见图4-5）。当企业规模扩大时，它可以获得一系列经济优势，包括成本优势、资源利用效率提高、市场份额增加、提高竞争力。企业可以通过以下几种方式来实现规模效应，达到降本增效。

1. 扩大规模

企业需要通过增加产量、扩大市场份额或拓展业务范围来实现规模扩大。这可以通过增加生产能力、开拓新的市场渠道、并购其他企业或进入新的地理区域等方式来实现。扩大规模将为企业带来更多的销售量和产量，为实现规模效应奠定基础。

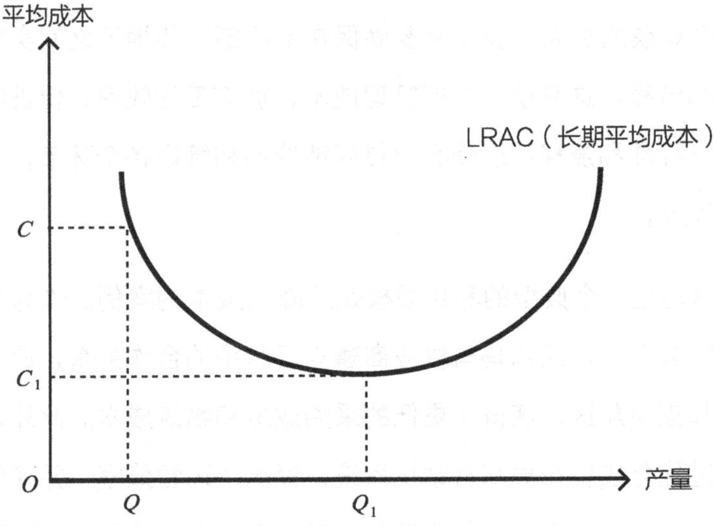

图4-5 规模效应

2. 提高生产效率

随着产量的增加，企业可以通过提高生产效率来降低单位产品的生产成本。这可以包括引入先进的生产设备和技术、优化生产流程、采用自动化系统等。提高生产效率可以帮助企业在更短的时间内生产更多的产品，从而降低单位成本。

3. 优化供应链管理

规模扩大后，供应链管理变得尤为重要。企业可以通过优化供应链管理，包括与供应商的合作、物流和库存管理等，实现更高效的物流和供应链操作。这有助于降低采购成本，提高供货可靠性，减少库存积压。

4. 统一标准和流程

随着规模的扩大，企业需要确保在不同部门和地区之间实施统一的标准和流程。这有助于降低管理成本，提高工作效率，促进协同合作。统一标准和流程可以使企业更好地控制和管理各个环节，从而实现规模效应。

沃尔玛是一个典型的利用规模效应降低成本的案例。作为全球最大的零售商之一，沃尔玛与供应商建立了紧密的合作关系，通过大规模采购和集中配送，获得了更低的采购成本和物流成本。此外，沃尔玛还通过优化店铺布局和自动化系统，提高了运营效率，并降低了人力成本。这些措施帮助沃尔玛提供了具有竞争力的价格，吸引了大量消费者，进而实现了规模效应下的成本降低。

二、实现范围经济

范围经济是指企业通过在多个相关业务领域内的经营，从而实现成本的节约和效益的提升。范围经济的实现是通过共享资源、技术、品牌和市场等方面的优势来获取经济效益。企业可以通过以下几种方式实现范围经济。

1. 共享资源

企业可以通过在不同业务领域内共享资源来实现范围经济。这包括共享生产设施、供应链、人力资源、研发团队和管理系统等。通过共享资源，企业可以降低单位产品或服务的成本，并提高效率。

2. 共同研发和创新

不同业务领域之间的知识和经验可以相互借鉴和共享，从而推动创新和研发的成本节约。企业可以将在一个领域获得的技术和知识应用到其他领域，减少重复投入，加快新产品或服务的开发速度。

3. 共享品牌和市场渠道

企业可以通过在多个业务领域共享品牌和市场渠道来实现范围经济。共享品牌可以减少市场推广和品牌建设的成本，并提高品牌的知名度和认可度。共享市场渠道可以降低销售和分销的成本，并拓展新的市场机会。

4. 交叉销售和交叉营销

不同业务领域的产品或服务可以相互补充，通过交叉销售和交叉营销来增加销售额和市场份额。这可以通过搭配销售、捆绑销售、跨领域促销等方式实现，从而提高销售效率和利润。

腾讯是一个成功实现范围经济的案例。腾讯最初是一家互联网即时通信软件提供商，但随着业务的发展，他们逐渐进入了游戏、社交媒体、在线支付、电子商务等多个领域。腾讯通过共享技术平台、用户数据库和市场渠道，实现了范围经济的效益。例如，腾讯的用户在使用即时通信软件时可以方便地访问游戏、支付和电商服务，而腾讯也可以通过交叉销售和跨领域促销来增加用户的黏性。这样的范围经济效应帮助腾讯在不同业务领域实现了成本节约和市场优势。

H集团是另一个有效运用范围经济概念，实现资源最优整合的例子。H集团是一家非相关多元化的大型企业集团，包括零售、地产、制造、能源、金融、高科技等诸多类型。业务板块所处的行业及其商业模式不尽相同，如何整合资源，促进业务协同，提升管控效率，实现"1+1>2"的效果，对于集团总部是一个难题。H集团使用范围经济的概念，通过构建价值组合模型，实现业务融合，实现集团价值最大化。

H集团各种业务的价值特征如表4-2所示。

表4-2　H集团各种业务的价值特征

业务类型	优势	不足
零售	产生大量现金流，弱周期	利润率低
地产	盈利能力强	资金需求量大，强周期
制造	资产规模大	投资回报周期长
高科技	增速快，估值高	周期短
……	……	……

H集团各种业务都有非常强的行业属性，纯粹的业务间的协同价值不大。H集团在引进范围经济的概念之后，根据不同业务的特点，对每种业务进行了明确的价值定位。例如，H集团对旗下的零售业务的定位是"现金牛业务"，该业务的首要任务是为集团提供现金流保障价值，因此集团允许其保持较低的利润运营；而地产业务作为"明星业务"，则要求其保持较高的利润率，但需要其他业务提供大量的

低成本资金；而制造业务因为拥有大量的固定资产，通过固定资产融资可以帮助地产业务获得低成本资金……H集团通过价值组合，既弥补了各业务的问题，也实现了业务间的价值整合，实现了"1+1>2"的效果。

第五章

将人效优化与组织管理链接

组织管理是影响人效的关键要素。架构、分工、流程等决定了组织运转的方式，如果设置不合理，就会导致企业运营不够顺畅，产生内耗。资源管理、风险控制、授权和知识管理等体现了企业管理的能力，如果管理不善，就会造成极大的浪费。因此，要综合诊断和评价这些组织因素对于人效的影响，解决企业运营的基础性问题。

第一节
通过组织扁平化和职能整合来提升人效

众所周知，组织架构是指为了实现组织目标，经过组织设计形成的组织内部各个部门、各个层级之间固定的排列方式，即组织内部的构成方式。除了包括狭义的组织结构内容，还包括组织之间的相互关系类型，如专业化协作等。组织架构在企业中一般是稳定的，特别是在一些成熟且规模较大的企业，但这种随着企业规模越来越大，看似稳定的组织架构常常会出现臃肿现象。一般而言存在这样几种现象：

（1）根据业务发展不断在现有架构上增设机构；

（2）根据业务精细化要求，不停细分业务，增设专门机构或增设更多层级；

（3）架构的配套机制不完善，缺乏流程或流程混乱，没有清晰的授权，所在岗位的人员能力达不到岗位要求等，导致架构运转出现问题。

第五章
将人效优化与组织管理链接

115

如何对组织架构进行优化和调整呢？根据现代组织理论，组织的发展必是以提高管理效率为核心的。

首先，要正确理解分工与协作的原则。分工与协作的原则，是组织设计应遵循的基本原则之一。经过多年的实践和发展，现代组织理论对上述原则仍应基本加以肯定，但管理者应正确地理解，并在实行中克服其片面性。企业内部应当设置职能部门，而且各职能部门之间应当实行专业分工。现代企业的管理工作，工作量大，专业性强，设置不同职能部门的做法具有许多优点，一是有利于把各项管理工作做得更加深入细致；二是有利于提高各项管理工作的效率；三是有利于迅速培养专业管理人才等。总之，分工有利于提高管理工作的质量和效率。但是，分工要适当，并不是越细越好。古典组织理论强调分工的优点，这并不错，但现代组织理论指出，分工也会带来缺点。例如，管理分工会引起办事程序和手续的复杂化；分工会增加部门之间的协调工作量；分工会助长专业管理人才的片面观点和本位主义等。我们如果只强调其优点，则部门分工就会越来越细。一旦分工过细，超过一定限度，分工带来的弊病就会超过其好处，反而会使管理效率下降。

如何把握这个适当分工的度？部门划分为5个合适，还是划分10个或15个合适？这没有一个固定的、抽象的数值标准，而是要通过实践来回答。衡量标准是企业管理效率的高低。这需要由企业或行业较长期的和反复的实践来决定设置多少个部门才能保持较高的管理效率。从我国企业的管理实践来看，职能机构往往随着企业的扩张而日渐庞大，决策流程变长，程序复杂化，管理效率却没有随着部门的增加而提升，甚至出现权责模糊、效率降低的情况。过去我国国有企业的组织设计受古典组织理论的影响，片面强调分工的优点，忽视分工的弊病，导致内部管理分工过细。新型的民营企业，以及改制后的国有企业，则存在着另一种情况，即一方面，专业化程度不足，专业能力缺乏；另一方面，部门之间扯皮严重，管理效率低下（在分工并未过细的情况下，管理效率低下）。为了改变这种现状，有必要研究如何对企业进行职能机构综合化改革，对组织架构从合理分工上，进行横向适当的整合。

其次，为了适应经济环境和竞争环境的变化，组织结构呈现出多样性，但其发展方向和趋势是扁平化的。组织结构扁平化，是通过减少管理层级、压缩职能机构、裁减人员，使组织的决策层和操作层之间的中间管理层级越少越好，以便使组织最大可能地将决策权延至最远的底层，从而提高企业效率的一种紧凑而富有弹性的新型团队组织。它具有敏捷、灵活、快速、高效的优点。目前，国际上有很多公司都大刀阔斧地压缩了管理层级，扩大了管理幅度，通过组织结构扁平化来提高企业竞争优势。例如，通用电气公司通过"无边界行动"及"零层级管理"，即组织结构扁平化，使公司从原来的24个管理层级，压缩到现在的6个层级，管理人员从2100人减少到1000人，雇员人数由41万减少到29.3万，瓦解了自20世纪60年代就根植于通用电气公司的官僚系统。这样不但节省了大笔开支，还有效改善了企业的管理功能，企业效益大大提高，销售额由200亿美元增加到1004亿美元，利润也大幅度增长。

我国已经有一些企业进行了组织结构扁平化方面的尝试与创新，

并且取得了很好的效果。例如，海尔集团根据国际化发展思路及时对组织结构进行了战略调整，对原有的职能结构和事业部进行了重新设计，把原来的职能结构转变成流程网络结构，把垂直业务结构转变成水平业务流程，形成首尾相接、连贯完善的新业务流程，海尔在流程化的基础上，用市场链把各流程有效地咬合在一起。海尔的实践结果证明，实行组织结构扁平化后企业达到了"三个零"，即客户零距离、资金零占用和质量零缺欠，使海尔的经营进入了更高层次。

最后，一个企业集团成长与发展主要取决于在适应变化的环境中所采用的"战略"和实施战略的"组织"。战略的实施需要一定的组织结构来完成，所以组织结构最终还是为战略的实施服务的。在不同的发展阶段，企业往往采取不同的发展战略，也势必要求动态调整组织结构与之匹配。组织战略对组织设计的影响远大于流程对组织设计的影响，正所谓"结构效率优先于运营效率"。组织有什么样的战略目标，就会根据目标搭建相应的总部架构。例如，海尔25年（1984—2009年）来的发展，经历了四次重大的战略转变期。每次成功的战略调整需要的都是有效合理的组织结构调整做支撑。

1. 名牌战略阶段（1984—1991年）

海尔的名牌之路始于质量管理，其采取日清管理法，即对每人、每天做的事进行控制和清理，使整个质量保证是优质。在保证产品质量的同时，时刻关注员工素质及消费者偏好。在此期间，始终只做冰箱一种产品。这个阶段的组织结构注重各职能划分，体现集权思想，所以主要还是直线—职能制组织模式。

2. 多元化战略阶段（1992—1998年）

1992年，在邓小平视察南方谈话鼓舞下，海尔转向多元化发展战略。以吃休克鱼、海尔管理模式、低成本扩张方式，迅速构建起国际化大公司的规模。为适应多元化企业战略要求，海尔在武汉、重庆等地建立工业园，建立以产品为基础的事业部制组织结构。总部负责集中筹划集团发展目标，各分部负责相应区域产品的生产、销售，实行独立经营、独立核算。总部与分部间权责明确，体现权力的下放，组织结构不断趋向于扁平化。

3. 国际化战略阶段（1999—2005年）

作为中国企业国际化先行者，海尔"国际化即本土化"的做法是，当地设计、当地制造、当地销售，以及当地融资、当地融智。这一阶段的组织结构是事业分部数量的增加，组织结构更加趋向于扁平化、网络化、多样化。

4. 全球化品牌战略阶段（2006—2009年）

2006年，海尔把"全球化品牌战略"作为自己新的战略方向。品牌不光是质量保证，同时需要满足消费者差异化需求及个性化服务需求，为此海尔选择以市场链为基础面向客户需求的生产流程再造，并确立相应的报酬激励制度，以提高企业活力。在"零库存"以及"差异化生产服务"思想下，这个阶段体现了组织结构的柔性化、多样化、网络化。

海尔的四阶段发展验证了一个企业组织结构在企业战略以及外部环境双重影响下的调整，体现了由简单到复杂、由集权到分权的演变过程，表现了扁平化、网络化、柔性化和多样化特征。

第二节

挤出流程中的冗余和泡沫

在企业中，制定关键决策、推动创新等管理行为往往不会频繁发生，大多数的日常工作及管理行为是可以通过流程进行规范的。企业中的中基层部门或岗位，承担着战略实施的角色，他们的职责基本上是围绕工作流程来开展的，所以中基层部门的运营效率，更多会受到管理与运营流程的影响。

流程中的低效问题通常包括如下几种类型：

（1）流程的审批节点过多导致流程效率下降。很多企业为了规避流程风险，分散流程责任，会存在多部门参与流程审批/审核的情况，尽管很多部门与该流程的相关性不大。非相关部门在审批/审核过程中要么很随意，要么提出一些不专业、不相关的反馈意见，这些都会导致流程效率下降，影响人效。

（2）流程没有合适的分级授权，审批过于集中导致流程效率下降。与第一种情况相对应的是另一种极端情况，即有些企业流程审批过于集中。例如，不论大小流程，终审环节都集中在总经理/董事长手里。审批环节过于集中，导致大量流程停滞，给企业造成了极大的效率损失和资源浪费。

（3）流程中存在明显的瓶颈环节，导致流程阻塞。通常，流程各个节点的资源配置需要达到一个平衡状态。如果某些节点存在资源配置不足，或者由于业务波动导致资源准备不够充分，就会导致流程效率下降。

（4）对流程的执行缺乏管理，流程在执行中存在大量的等待时间。很多不重视流程管理的企业，对于流程的执行缺乏有效的监管，对于每个流程节点的完成时间没有标准，没有控制。今天拖到明天，明天拖到后天……资源被不断浪费，成本在拖延中不断增加。

（5）流程关键审批节点过于后置，导致流程效率下降。关键审批节点后置也是造成流程低效的主要原因。很多未经优化设计的流程，影响流程质量的关键审批节点通常是后置的。后置的关键审批节点一旦审核出流程的问题，流程往往需要重新执行一遍，从而造成浪费。如果对于常规性工作，能够把关键审批节点前置，把可能的风险点提前决策清楚，管控好，后续的流程环节重复的概率就会大大降低，从而起到提升流程效率的作用。

通过流程的设计和优化，可以在一定程度上提升人效。流程设计和优化常用的工具和方法有如下几种：

1. 审批前置/整合授权

如果企业所有流程都需要由高层管理者审批，那么可以预见到这一节点将成为流程中最大的堵点，高层管理者的工作效率将成为企业管理的瓶颈。将风险控制点前置或将流程环节合并并授权，给各级管理者设置相应的审批权限，让各级管理者都能在授权范围内承担审批职责，将从整体上提高流程效率。例如，将采购计划、变更管理等流程中的一些控制点前置。审批前置/整合授权示意图如图5-1所示。

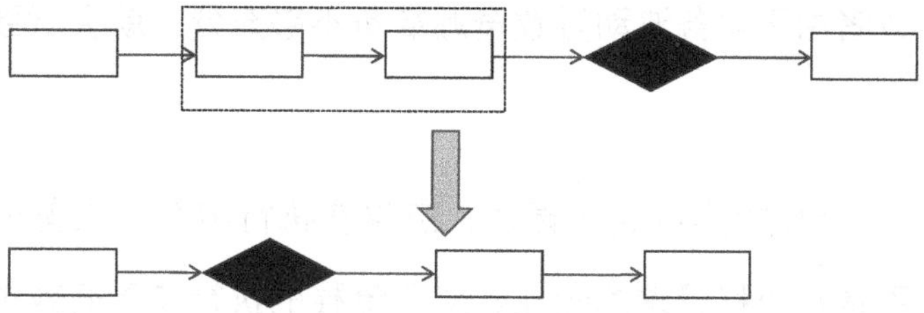

图5-1 审批前置/整合授权示意图

2. 化曲为直

流程中可能存在多个处理节点。通常是一个节点处理完成后，流转到下一节点处理，此种方式称为串行处理。有些节点在逻辑上并没有先后顺序。流程优化后将原本冗余和非增值的节点进化简化，将流程由串行处理改为并行处理，简化了流程，减少了处理时长，提升了流程效率。化曲为直示意图如图5-2所示。

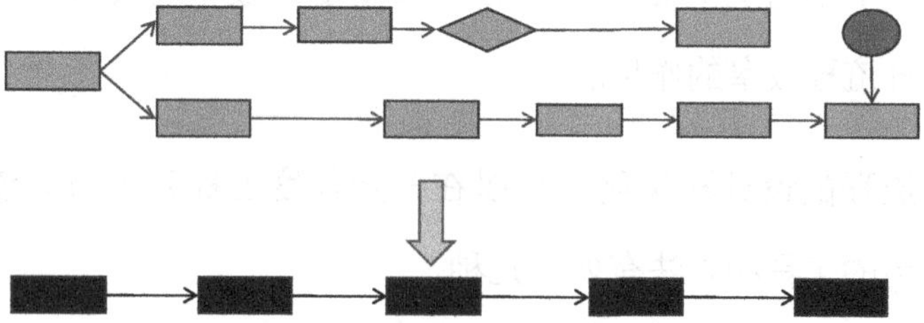

图5-2 化曲为直示意图

3. 重新组合

将流程节点作为一个整体对外部进行反应和决策，并快速做出重新组合，如图5-3所示。

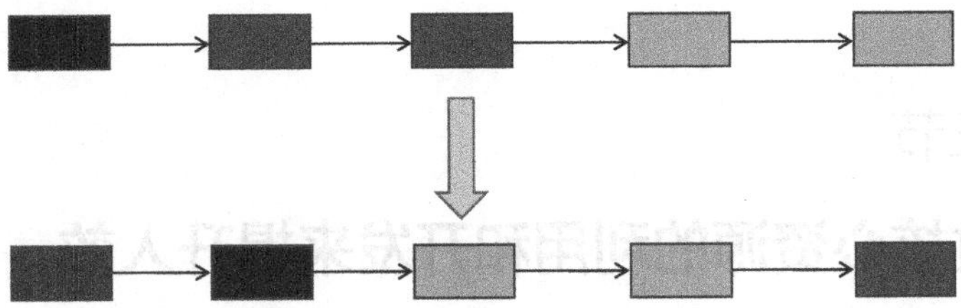

图5-3　重新组合示意图

流程优化最根本的目的是使流程整体效率最优。流程优化是一个持续改善的过程，不可能一蹴而就、一劳永逸，而应在业务开展过程中不断优化。

第三节
通过核心资源的利用和开发来提升人效

无论体量多大的公司，资源都相对有限。合理地计划、组织和管理公司资源，使其得到足够的开发和利用，从而达到提高资源利用率、增加资源价值、提高公司人效、避免资源浪费或错配的目标。

资源管理涉及经营活动的各个方面，包括对资源的盘点、评估、分配、共享、协同、开发和保护等，需要结合公司的战略目标及资源现状，遵循资源的运行规律，对资源进行组织、计划、协调、监督和控制，通过对资源的高效运营来充分发挥资源应有的作用，从而取得良好的经济效益，实现长期价值。

公司资源主要包含以下九类：

（1）技术资源。技术资源包括专利技术、行业或公司的相关技术标准。

（2）人力资源。人力资源包括专家人才、核心员工和维系公司运转的基础员工。

（3）财务资源。财务资源包括资金调配能力和退税收益。

（4）关系资源。关系资源包括公共关系资源、客户关系资源、合作伙伴资源和行业关系资源。

（5）资质资源。资质资源包括公司经营所需的经营资质和能力资质。

（6）品牌资源。品牌资源包括公司的品牌形象和合作渠道。

（7）物料资源。物料资源包括战略物料采购资源和日常物料采购资源。

（8）供应商资源。供应商资源包括战略供应商资源和品牌供应商资源。

（9）信息资源。信息资源包括信息化资产和数据资源。

下面我们着重分享六种在公司实践中卓有成效的资源管理方法。

一、将个人经验转化成组织经验

成功经验的沉淀、复制和推广能够有效推动组织发展和成长。

将个人经验转化成组织经验，主要解决以下几个关键问题：

（1）复制人才。把人才所在岗位的经验沉淀下来，留给组织，使得接班人、新晋升人才等能够通过对岗位经验的学习，快速获取成功经验，减少在新岗位的磨合期。

（2）知识沉淀。通过对优秀经验的萃取，形成公司内部系统化的知识库，以应对同类事件的处理。

（3）降低人才流失风险。及时将优秀人才在岗期间的优秀经验萃取出来，即使该人才流失，也为公司寻找替代人才争取了更多的窗口期，同时能够保证这些优秀经验能够持续发挥作用，降低人才流失风险。

将个人经验转化为组织经验，需要在人力资源管理方面构建经验萃取机制。

例如，人力资源从业者所在公司如果建立了任职资格体系，那么只需在任职资格标准中，特别是关键序列的任职资格标准中加一条：获得晋升的前提是，必须把当前任职等级的岗位经验萃取出来，并经过公司评审。这样做可以引导晋升人员及时传递经验，培养后备人才，这是人力资源管理中经验萃取机制的一种。

又如，公司有A、B、C、D、E、F六个项目，那么可以通过经验萃取的流程和方法，识别出每个项目的关键成功经验，如A项目哪里做得好，B项目哪里做得好，C项目哪里做得好……虽然单个项目不一定很顺畅，但是可以通过萃取一轮之后，进行关键成功经验的拼图，把它拼成一个相对比较好的项目。这就从单个项目的个人成功经验中萃取出了组织级的成功经验。

随着公司规模越来越大，它对组织的依赖程度就会越来越高。当然，有些强调创新的公司对人的依赖程度还是非常高的，但是一旦它的规模变大，对组织的依赖程度同样会变高。要构建良好的组织平台，考验的是公司的组织能力。那么，组织能力是什么？它是公司独特的、持续沉淀下来的组织DNA，是公司的价值观、机制、授权、流程等的呈现。组织能力的提升是维持组织良性运转的关键。因此，要将组织成功经验的萃取变成一项例行工作，以支持组织运转得更快、更好。人力资源管理部门可以提炼经验萃取的流程、工具和方法，设计经验萃取的激励机制，培训各部门的员工掌握经验萃取的技能，沉淀并迭代组织经验知识库，形成人效提升的标准工具，从而促进个人经验向组织经验的转换。

二、将关键资源集中

公司资源相对有限不可避免，但是通过识别关键资源，将关键资源进行整合，并集中管理，能够有效促进资源最大化。

对关键资源的评估，主要从该资源对公司内、外部价值的贡献程度上进行。内部价值包括该资源对公司业绩的贡献程度和对公司战略的重要程度，外部价值包括资源的稀缺性、不可模仿性和不可替代性（见图5-4）。公司需要根据公司阶段性战略目标动态评估及管理关键资源。

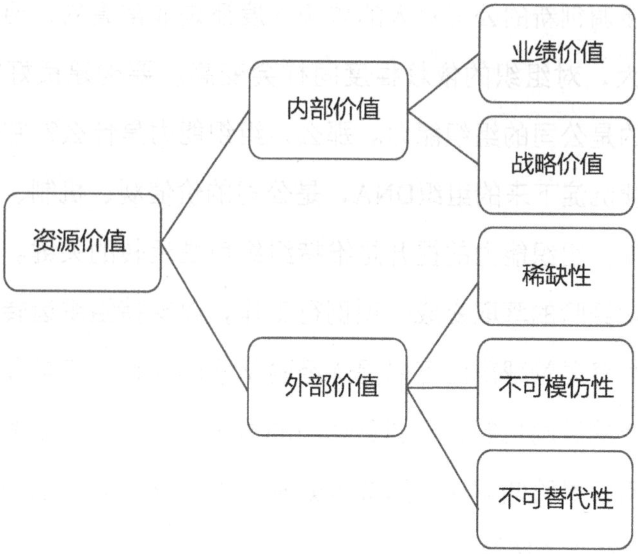

图5-4　资源价值评估维度

（1）业绩价值主要用来评估资源对公司业绩的贡献程度。某类资源对业务保持持续竞争优势至关重要。如果公司拥有这类资源，就能够在市场中获得超出平均水平的收益。如果公司缺乏这类资源，就会导致竞争失利甚至难以正常运转。

（2）战略价值主要基于公司的管控价值模型，评估资源在公司整体战略规划中的地位。某类资源虽然当前的经济价值不高，但对公司的长远利益具有重要价值，因此公司应结合不同时期的发展重点，从多个战略维度确定资源的战略价值，避免部门和业务单位间基于短期经济价值对资源进行争夺。

（3）稀缺性主要用于评估资源在当前市场上的稀缺程度，是否形成垄断地位。垄断地位可以让公司获取超额利润。资源的垄断性越强，则公司的竞争优势就越大；资源的垄断性持续越久，则公司获取平均水平以上利润的时间就越久。

（4）不可模仿性主要用于评估资源是否可以被竞争对手轻易模仿和复制。某类资源本身的特性决定了其不容易被模仿，如门店的地理位置、拥有法律保护的专利技术和一些特许经营许可等；某类资源需要长期积累才能获得，如公司的客户关系资源、公司的企业文化和品牌影响力等。因此，可以从不同维度衡量资源的不可模仿性。

（5）不可替代性主要用于评估资源是否可以被其他资源替代。通过对市场的了解和对未来技术水平、资源存量等方面的考量，列出公司当前阶段和战略期内的替代物，并对其替代可能性进行综合评估。

根据资源价值评估的结果确定资源的价值分级，一般将每个维度的评估分值设定为从低到高1~5分制，以3分为分界线，高内部价值和高外部价值的资源交集就是公司的关键资源（见图5-5）。

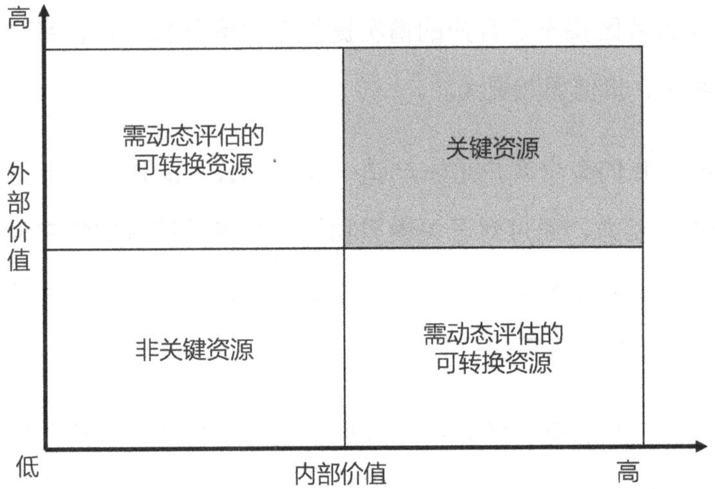

图5-5 资源价值评估矩阵

公司应尽量以构建共享资源的方式对关键资源进行管理,以增加关键资源的可复用性。

例如,公司有多个项目,但是这些项目中的一些岗位或者人员是可以共享的,那么公司可以成立一个共享部门,为所有项目提供服务。这样不仅可以节约人力,也可以促进岗位专业化程度的输出。

又如,很多公司都有一些实力特别强的人才,如销售人才、专业方案输出人才、模型构建人才、问题解决人才等。如果把这些人分别分配到某一具体业务中,虽然他们能够促使所在业务业绩优秀,但是其所产生的价值是极其有限的。如果把他们集中起来,那么他们所产生的价值是不可衡量的。在我们的客户中,曾经有个实力特别强的能搞定客户的人才,之前在片区的表现也很优秀,但最多是让片区客户量增加,解决具体问题。但是我们建议把他提拔到总部,让他负责制定搞定客户的专业流程、专业话术,培训公司各片区掌握搞定客户的能力,为各片区搞不定客户的情况提供专业意见和支持,带动整个公司搞定客户,价值显然更大。

再如,我们有个客户是研产销一体化的公司。这个行业很考验供应链的整合能力,通过对于关键原物料进行集团统筹的集中采购,能够获得较好的议价能力,有效降低采购成本,同时在资源稀缺时更容易获得原物料供应保障的机会。

因此,识别关键资源,再通过集中管理、构建共享资源的方式让关键资源产生足够大的价值,提升人效。

三、整合共性职能

在组织中，伴随业绩增长，组织规模扩大，岗位及职能配置相应会增加。一旦配置增加，人力成本中的固定支出必然增加，公司的运营成本会随之提高，因此在业务营业收入不变的情形下，人效就降低了。从人力资源角度，人员的固定支出（如工资、社保、公积金、各类福利津贴、法定加班费等）是看得见的薪酬成本。还有一些团建费、办公场地支出、办公用品支出等也都属于固定成本。其中还有一些较难计算的成本，如时间成本、机会成本等。

整合共性职能可以有效提高人效，降低固定支出。

整合共性职能，一是横向岗位合并，二是纵向减少层级。

1. 横向岗位合并

横向岗位合并的方法很简单，就是通过岗位合并减少岗位数。在实践中，岗位的设计始终面临着一个矛盾：岗位到底切得越细越好，还是切得相对粗一些好？假设完成一项任务有六个节点，究竟切成六个岗位，每个岗位都是独立的，还是切成三个岗位合适？这要根据公司的体量来定。公司体量大的时候应该切细一点儿，因为体量大，意味着业务流程流转的频率非常高。通过把岗位切细，可以促使工作职责标准化，降低业务流程流转过程中的误差和风险。公司体量小的时候，岗位可以切粗一点儿，否则会大量增加人力成本。

近几年，在公司经济受影响比较大的情况下，横向岗位合并是有效提升人效的方法。要解决岗位合并后的人才问题，公司可以多培养T

形人才（也就是复合型人才），提升他们的领导力。T形人才的一专多能，会在公司调整过程中带来更大的弹性，胜任新岗位，就以弥补其短板为主，否则可以考虑让其担任某些岗位的B角，这样就能够提高公司应对人员变动风险的能力，因此，人力成本也会降低。

2. 纵向减少层级

纵向减少层级是比较容易操作的提升人效的方法。在管理中有个基本规律，即管理每多一层，信息会衰减50%，沟通效率会降低50%。纵向减少层级主要通过扁平化组织的方式实现职能整合，减少横向部门之间的流程流转、信息沟通、审批决策、资源协调等时间节点，提高决策效率，降低信息衰减程度。例如，一个公司的组织层级原来有四层，现在整合为三层，这样审批流程会少一层，信息的衰减会变弱。一般来说，减少一层其实是比较容易实现的。例如，公司原来是总监管经理、经理管主管、主管管员工，只需把经理级这个层级去掉即可。

某包含多个事业群的集团公司，每个事业群都有自己的研发团队，在研发资源整合之前，事业群研发团队需要完成该事业群产品功能的100%的开发任务。为了提高研发效率，该集团公司成立了共享研发中心，把各事业群的基础开发工作和标准功能模块集中到研发中心，从而减少了各事业群近60%的基础开发工作岗位，大幅度提升了研发效率，改善了研发人效。

整合共性职能时，在具体操作中需要注意以下几点：①授权会发生变化；②各岗位的能力要求会更高；③管理的幅度会加大；④对裁撤人员需要艺术处理。第④点尤其关键。通常，这种整合都存在管理文化的转变。例如，通常会要求管理者更多地向下授权、向下赋能，下属能力提高后，才能帮助管理者分担更多的责任；对专业序列的人数和质量的需求提高，因为管理幅度增加，意味着一部分人需要从管理序列转成专家序列，协助部门管理者管好事，让部门管理者拿出更多的时间去管人。所以，我们不能够凭想象裁撤人员，需要关注裁撤带来的一系列变化，有规划、有方法地提升人效。

除了整合共性职能，还可以按照各类资源的性质、特点和运动规律，以及公司生产经营活动的具体要求，有机组合各类资源，形成资源共享协同机制，从而既保证在一定时空内对每种资源的合理使用，增大其个体功能，又保证公司所有资源的综合有效利用。一般来说，有三种方式可以建立资源共享协同机制：

（1）建立内部业务协同机制。促进人才交流，建立财务价值最优模式，建立知识和经验萃取分享机制等。

（2）建立内部交易机制。例如，可以采用有前提的市场化模式，均衡考虑系统收益和单次交易收益，设定有条件的交易机制。

（3）建立共享服务平台。逐步建立财务、HR、行政、IT等共享服务平台，对资源进行协调和整合，以实现跨业务单元、跨部门的协同增效、规模效应和成本节约。

四、将非关键资源外包

公司在经营过程中，对于非关键资源，如一些临时性、辅助性、非主营的资源，没必要做到尽善尽美，要尽可能采取外包方式，发挥外部资源优势，减少因为管理非关键资源而耗费的经济、时间及精力成本。

过去，中国有很多企业老板习惯于什么事都自己干，除了自己干放心，还可以节省不少人工成本。然而隔行如隔山，因为行业的差异，资源优势不同，发挥的作用也不同。例如，虽然我们是做咨询的，但也会有一些领导力培训、专业培训等业务，而后者并不是我们的主营业务。要把培训业务做大，我们自己不可能投入更多的时间、精力和人力，但是我们有很多价值观和理念相同的合作伙伴，我们负责提供专业的知识输出，他们运用自己的客户资源优势提供客户，这就是我们将培训客户资源外包的一种方式，双方互惠互利，获得双赢。

如何判断哪些是非关键资源呢？

前文的资源价值评估维度（见图5-4）和资源价值评估矩阵（见图5-5）给出了非常具体的评估方法。一般来说，低内部价值和低外部价值的资源对公司影响较小，应谨慎投入，可以考虑外包处理，使其不制约公司发展。如果在评估过程中发现其已不具备正向价值甚至对公司发展不利时，可对这类资源进行调整或裁撤。

哪些常见的非关键资源可以外包呢？

（1）工作重复性高，可替代性强，依赖标准流程即可完成的事务性职能，如保安等一些基础岗位、全国各地的基础调研或设备维护岗位、客服岗位等。

（2）属于公司非关键职能，而外部市场已经具备通过IT化程度高、资源共享程度高等低成本替代的解决方案，比公司自行任用人员专业性更高、成本和风险更低，这类职能可以外包。

（3）该资源较难用标准化流程解决，但是内部耗费人力或时间多，产生的价值有限的资源可考虑外包。

当然，非关键资源外包的核心还是要根据公司的战略目标和实际现状进行谨慎评估，需要把握在非关键资源上不要投入过多资源的提高人效思想。

五、合理配置关键资源，避免错配导致的浪费

公司经营的重要原则是，聚焦公司的关键资源。不要把资源浪费在不能解决关键问题的事情上，要果断、坚定地把大部分关键资源集中在能够取得长远优势的方向上，运用最关键的资源解决最关键的问题，从而获得战略性复利。

资源管理同时需要注意，不对资源进行错配。受疫情及国际环境的影响，目前的市场环境不好，能够预测大部分公司未来的增长会放慢，但每年还花大量的人才储备、培养等费用，这种费用应该被重新配置和使用。例如，不应该在人才的储备和培养上投入过大，而应该

将资源聚焦在高产出、高价值的人才身上，走精兵简政、精兵强将策略，从而更有效地支撑公司阶段性的发展需求。

任何公司的资源都是有限的。例如，多元化集团公司总部每年在做战略、经营计划的时候，一定会面临下属各公司、各事业群、各部门向总部要资源的问题，无论是从集团总部的领导，还是各公司、各事业群、各部门负责人的角度上看，最终都是要构建资源分配的规则，因为资源投到A和投到B所产生的价值可能差异很大。人、财、信息、数据、技术等投入，都需要评估和判断，形成有效的分配逻辑。但现实情况是，在中国大多数企业中，还是以"会哭的孩子有奶吃"的资源配置逻辑，这种资源配置显然是不合理的。另外，在不少集团公司，那些业务已经做得很好的下属公司，通常会获得最多的资源，毕竟它们对利润的贡献最大，而且规模大、利润高。但我们往往容易忽略的是，虽然规模大、利润高，但有可能市场空间已经很小了，那么投资回报率可能是偏低的。

某跨境电商企业的跨境电商的产品线比较多，而且需要不断增加产品线。它面临着一个极大问题：没人愿意进新增加的产品线。不知道大家所在的公司是否存在这种情况？为什么不愿意去？不确定性高，难度大，薪资一般也会根据规模等级来定，而新公司一般薪资也不会特别高。这种资源的错配导致新业务很难做起来，这也是一种浪费。我们给这个客户最后设计了老马拉新车的规则。因为老产品线相对来说已经上了规模，相对成熟，管理难度较小，这时候可以用老产品线去锻炼新人；而新业务相对来说还处于摸索期，难度较大，不确定性高，需要有经验的人去运作，才能提高新业务的成功率。从人力资源配置角度，用老马拉新车的基本配置规则比较适合，当然它需要激励机制去做支撑。

还有些公司因为资源整合得不好，资源错配情况频出。很多公司擅长评估整体人才够不够，但是很少评估解决问题的关键人才够不够，这些关键人才影响什么样的关键产业。从资源管理的逻辑角度，如何确保这些关键的、稀缺的资源获得足够的投入，是资源配置的关键。

六、确保资源持续升值

通常，集中核心资源有利于资源的复用和处理，提高内部资源的利用率，增加对外谈判的筹码，有利于对客户的研究、开发新产品和新服务。

很多公司财务基本上都采取归集的方式。例如，对财务的现金进行集中，借此去做资金的预算、规划、投资。资源集中了，对外谈判的筹码也就增加了。又如，获取一些更有优势的贷款条件、利息利率等。如果资源分散到各个子公司，谈判的筹码就会降低，也较难获得对公司有优势的条件。如果客户的数据资源（类似物业公司）都存在各单体项目上而没有集中，那么这些数据的价值是有限的，甚至毫无价值。如果能够把各项目上的数据资源集中分析、处理，研究客户的消费数据、客户满意度、日常动线、生活规律等，那么由此可以开发、提供更匹配客户需求的产品和服务，更容易沉淀经验，制作统一的服务标准，让资源产生新的价值。

同时，需要对资源持续开发，运用科学的方法和手段，挖掘那些尚未在公司生产经营活动中发挥其应有作用的潜力资源，增大其效用；或者采用某些新的手段提高公司拥有资源的质量。

一般来说，有三种方式可以促进资源的开发：

（1）内部培育。可以通过构建内部孵化创业机制和知识共享机制，通过自身研究、学习、创造等方式来获得公司尚未拥有的资源。

（2）合作培育。与公司合作伙伴和价值链上的相关公司建立战略联盟，共享各自价值链上的某些环节，以集中优势的资源经营能力，克服彼此的薄弱环节，通过学习将对方的部分资源"转移"到自己的公司中，降低转置成本和公司进出壁垒。

（3）外部收购和兼并。这是公司资源开发的一种最直接、最迅速的方式，可以有效地降低进入新行业的结构壁垒，获得较难靠内部培育或需要很长时间才能获得的资源，也可以提高公司现有资源或获得新资源的利用效率。

大家都知道，咨询服务的价格不菲。美太咨询为许多客户提供专属顾问服务（不同于传统的项目团队驻场模式），仅由一名专业顾问在客户全程驻场，后台专业团队提供必要的赋能及支撑，共同解决客户的疑难问题。该模式的优势在于，一方面，控制了驻场顾问的人数，降低了高额顾问团队费用，确保服务质量；另一方面，专属顾问能够对客户的情况有充足的了解，能够帮助客户更好地推动服务产出的落地。这是一种性价比较高的知识外包服务。

因此，我们需要运用资源升值的思维，持续开发资源，动态调整和整合资源，持续挖掘和提升资源的价值，维持资源可持续的发展能力。

第四节

高效利用自动化智能工具

一、使用信息化技术提高管理效率

近年来，我国信息化水平大幅提高，充分利用信息化技术对企业进行管理，能够提高企业的管理水平和效率，促进企业目标的实现。在当前的信息化背景下，实现信息技术与企业管理的融合已经成为大势所趋。企业可以结合自身实际情况采用相应的信息化发展措施，充分发挥信息化技术对企业效率提升的有利影响。

信息化技术对企业效率提升的影响体现在诸多方面。首先，信息化建设有助于企业科学决策的制定。这是由于信息化建设能够提升信息获取的及时性和准确性，为企业经营管理人员决策提供正确、客观的引导，降低决策中主观因素的影响。同时，企业可以利用大数据技术对过往经营数据进行全面的分析，充分挖掘其中的潜在价值，作为制定经营决策的有力支撑。除了助力企业经营决策，信息化技术在降低企业管理成本上也有许多用武之地。利用信息化技术优化企业管理，能够对企业在生产经营中的各环节进行成本控制，提高企业的经济效益。信息化技术的应用可以为企业经营管理中各项工作的顺利开展提供条件，简化管理流程，提高工作效率。例如，在新冠疫情期间，线上办公软件的应用大大节省了工作开展的时间及成本，提升了企业的运营效率。

从开展企业人力资源管理的角度出发，信息化技术的应用也能够为企业带来诸多裨益。利用信息化管理工具能够提高人力资源管理效率，将人力资源管理相关信息更加全面、准确地进行收集和汇总，如员工薪酬构成数据、绩效考核结果数据、人员岗位配置数据等。这些数据可以为人力资源管理者提供规划、分析和决策支撑，可以应用在企业人力资源规划、招聘配置、薪酬绩效管理等方面。人力资源领域信息化技术的应用减轻了人力资源管理者数据处理的工作量，使其能够将精力集中在人力资源的分析与策划方面，进而实现对企业人力资源成本的有效控制。

二、使用自动化设备替代人工

除了信息化技术，自动化设备的应用也是提升企业人效的有力手段。这种方式较多应用在制造业，尤其是在劳动密集型企业。第七次全国人口普查数据显示，15~59岁人口为89438万人，占总人口的63.35%，比重下降6.79%。而第六次全国人口普查数据发布后，时任国家统计局局长的马建堂曾提到，2001—2010年，劳动力资源人口是

92148万人。也就是说，2011—2020年，中国劳动年龄人口减少了2710万人，平均每年减少约270万人。在这样的大环境下，用工成本激增，工业自动化设备快速发展，产生了较大的成本替代效应。当人力成本的增加与设备成本的降低相交时，就是生产成本的平衡点，因此，自动化设备取代部分人工成为大势所趋。

以快递行业为例，自动化分拣设备的引入帮助快递业更加从容地应对业务量的高速攀升。近几年，我国快递行业处于中高速发展阶段，到2019年年底，日均处理量超过2亿件，而同时期，快递的履约速度也在不断提升，72小时送达率从2016年年底的75.5%提升至2019年的79.3%。从2016年到2019年，我国快递业务量增加了一倍，达到了每年635亿件。与此同时，中国快递从业人员数量仅增长54%（至320万人）（艾瑞咨询，2020）。24小时高速运转的自动化分拣设备，极大地提升了运转中心和区域网点的快递处理能力。可以说，快递行业履约速度与人效的双提升均与自动化分拣设备的投入是分不开的。

第五章
将人效优化与组织管理链接

第五节
通过授权和风控体系建设来提升人效

一、通过授权来改善人效

有效授权由于可以大幅度地提高决策效率，因此对人效的改善是显而易见的。除此之外，授权还是培养和激励下属，提高下属归属感、责任心的必要手段。通过授权，管理者还可以聚焦更重要的事情，包括规划、创新、组织能力建设等，对管理者的领导力提升也非常有价值。

为了确定每个岗位的授权内容，我们一般应用ARCPI工具（见图5-6与表5-1）：

A（Approval-Veto，审批）：审核以批准或否决的权利。

R（Responsibility，主要负责）：负责启动并跟踪某一活动，并确保该活动顺利完成，对该活动的结果负责。主要是"管理"该活动，不一定需要亲自完成它。

C（Consultation，咨询）：为活动提供咨询或建议。

P（Participate，参与）：作为行动小组成员之一参与该活动。

I（Inform，告知或获悉）：必须被告知，但是没有直接影响力。

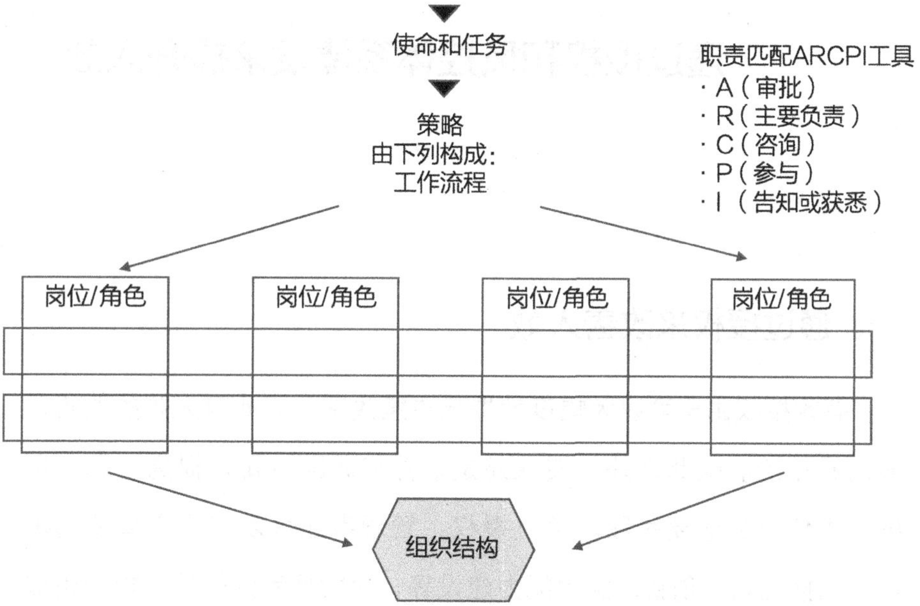

图5-6 ARCPI工具

表5-1 ARCPI示例

绩效管理活动	角色					
	CEO	分管副总	市场营销部经理	财务部经理	市场部经理	人力资源部经理
建立绩效指标	A	C	R*	R*	R*	R*/C
建立绩效评估系统	A	C	I	I	I	R
绩效评估	—	A	R*	R*	R*	R*/C

第五章
将人效优化与组织管理链接 | 145

续表

绩效管理活动	角色					
	CEO	分管副总	市场营销部经理	财务部经理	市场部经理	人力资源部经理
设计员工发展计划	—	A	R*	R*	R*	R*
确定员工发展能力	—	A	P	P	P	R
确定员工职业发展计划	—	A	P	P	P	R

有效授权需要满足三个前提：第一，被授权人的能力是否满足授权要求，如果不满足则不要授权，如果不完全满足则分步授权，不要一步到位；第二，被授权人是否有接受授权的意愿，如果不愿意承担责任，则不要授权；第三，授权之后，对被授权人是否提供了必要的资源保障，是否调整了对应的制度流程，是否确保风险可控。

通常，不建议管理者对下属的授权一步到位，可以按照如下四个步骤进行授权：第一步，我做，你看；第二步，你做，我看；第三步，你做，我看关键节点和结果；第四步，你做，如果必要，我再看。通过分步授权，可以很好地对下属进行赋能，并且将授权风险控制在可能的范围之内。

二、通过风控体系来改善人数

在做好通过授权提升组织人效的同时，也要建设好企业的风控体系。因为追求效率的前提是安全规避风险，否则一味地追求效率忽略风险管控，一旦出现风险失控造成的损失将远远超出之前为提升效率而带来的收益。所以长远或整体看来，这样做好风控也是提升效率的必要手段。

何谓风险？风险的定义是不确定性，是可能与不可能，而不是非黑即白的好与不好。很多企业就是在风险中发展成长的。风控体系是如何发挥作用的？让我们想象这样一个场景：地震来临的时候，提前知道、提前预防与事后知道、事后预防有区别吗？由于提前知道地震的发生，我们就会有相应的提前准备措施，如补给、疏散、撤离、预防等。尽管最后地震还是八级登陆，但其造成的影响和损失是不一样的。建立风控体系一定要考虑对风险进行分级，进而采取不同的策略进行有效控制。注意是控制，而不是消灭。

同时，风控一定是提前进行防范和干预，避免风险的发生或产生重大损失。哪怕是地震来临，这称为固有风险。最后的伤亡损失为剩余风险。固有风险不变时，风控的力度越大，剩余风险越会下降。所以风控一定是提前的工作。

在开展企业风控具体工作时有如下几方面需要我们关注。

1. 各个部门之间的协同

某上市公司授信体系薄弱导致了巨额应收账款的坏账。经检查发现，其内控暴露出的问题包括：重复授信，该上市公司内控制度对多头授信无明确规定，在实际执行中，下属分公司、总部销售部门等单位分别向同一客户授信；超额授信，该上市公司的下属子公司内控制度规定对客户授信额度不大于客户注册资本，在实际执行中，对部分客户超出其注册资本授信，也存在未经授信发货的情况。

在良好的风控体系中，财务部、信用部、销售部三者应当是协调与沟通、平衡与制衡的关系。销售部是第一道防线，冲在业务的最前线。信用部是第二道防线，是定额度、定规则的部门。财务部是最后一道防线，是踩刹车、是守后口的部门。在良好的内控制度中，各部门职责的界定很重要。

2. 内控制度不以数量取胜

某上市公司集团风控管理失效，其下属全资子公司发生重大信用风险事项。分析成因时发现其内控制度落实不够。例如，母公司没有重视也未能有效掌控子公司最高管理者的任免，没有每年对其进行定期考核；子公司在选择战略伙伴时，没有按规定进行资信调查以及对合作伙伴的运营情况进行日常监控。实际上，很多企业都存在这样的通病：为内控制定了大大小小、方方面面的制度。制度多一定好吗？不一定。把几百个制度浓缩成一个制度本身就是一种水平。内控制度没有必要写得冗长复杂，简单明了即可。

良好的风控体系，要学会把复杂的问题简单化，简单的问题流程化，流程的问题制度化，制度的问题信息化。

3. 让风控嵌入业务发展的前中后

某上市公司风控管理失效，公司总会计师利用职务之便挪用公司银行承兑汇票、提供虚假证明，构成职务犯罪。分析内控缺陷时发现，该上市公司印章使用控制失效，印章管理员在未见用印审核审批程序的情况下也给予用印，部门之间的牵制失效。为了风控而风控，这是许多企业风控水平弱的原因。风控是加出来的东西吗？不是。风险来源于业务。实际上，那些处于关键业务岗位的人员在做业务的同时就是在做风控，因此不能将风控仅仅看作风控部的责任。

事实上，风控部真的熟悉业务吗？不一定。好的风控一定是嵌入业务发展的前中后，它具有多种形式。

4. 风控的极致是精神层面的风控

柳传志在他的自传里写过一个故事。当时联想集团每次召开经营班子会议，总会有一些相关领导要么缺席，要么早退。于是他想到一个办法，下次新一轮领导班子开会前，上次迟到的领导，无论级别多高，进来之后先站到进门会议室门侧的角落里，上回迟到几分钟，就站几分钟，同时没有迟到的领导全部走上来，围在他旁边，所有人的目光盯着他几分钟。能够在人的精神层面产生影响，能够帮助企业养成良好的企业文化，这或许就是风控的魅力。好的风控到最后是精神层面的风控，思想和习惯是最核心的东西，正如看到红灯的时候，你还要迈步吗？如果能够形成本能反应把腿收回去，这就是好的风控、好的文化，但它不是一朝一夕养成的，需要不断积累与沉淀。

第六节
通过提高决策质量和效率来降低决策损耗

决策是企业经营管理活动的中心环节，企业经营过程中决策的质量和效率对人效的重要性不言而喻。有研究者对近20年来的400余例企业战略决策进行的分析表明，有一半的决策是以失败告终的。而且，很多企业会在决策失误后加以掩饰，以避免引起公众的注意。因此，实际的决策失误比例可能更高。决策失误可能会给企业带来难以挽回的重大损失甚至灭顶之灾，即便有的决策失误可以弥补，但是仍会造成企业效率的下降并对企业资源造成浪费。

提起诺基亚手机，直到今天人们都在为之感慨，曾经手机市场的绝对王者，在智能手机时代因为战略决策的失误，最终没落于智能手机市场，成为移动互联网时代的注脚。

回溯诺基亚从辉煌到没落的历程，有几个标志性的决策点值得关注。

20世纪90年代以前，诺基亚是一个覆盖造纸、橡胶、能源和通信等行业的大型跨国公司，然而在20世纪90年代中期，受到低廉劳动力和丰富资源的吸引，大量的低端产业逐渐转移到东南亚等第三世界国家。受到该外部环境和内部资源变化的影响，诺基亚做出一个重要的战略选择，那就是剥离橡胶、造纸等濒临破产的边缘产业，采用专一化战略，将资源聚焦在电信业上。随之诺基亚成功转型为新型科技通信公司，并且在1996年成为世界移动电话产业的行业领袖。在其巅峰时刻的千禧年，诺基亚曾因占据手机市场40%的份额而拥有3000亿欧元的市值。

然而，谁也想象不到，这样独霸一方的行业巨头，竟会在不到十年的时间里就陷入衰退，最终告别了主流手机市场。在连续十五年位居行业第一之后，诺基亚的战略选择出现了问题。它坚守塞班操作系统，这是一个较为封闭的智能系统，使它很快被安卓和苹果操作系统所超越。为了让自己获得由操作资源带来的"垄断"竞争优势，诺基亚尝试开发属于自己的操作系统——Meego。然而，这次战略选择明显忽略了诺基亚自身的能力，Meego的表现并不能让消费者买账。满身非议之后，诺基亚又"移情"微软。2011年2月11日，诺基亚公司正式对外宣布与微软达成战略合作，确定了设计生产基于Windows Phone（微软公司开发的手机操作系统）的智能手机的规划。但是由于Windows Phone缺乏市场基础，在参与市场竞争时再次遭遇寒流，这也使得诺基亚在手机市场走向了"万劫不复"。

企业战略决策的目的就是通过充分发挥和利用企业内部的资源、知识、经验、能力等方面优势来适应外部环境的变化，从而获取可持续的竞争优势，以击败竞争对手，争取市场份额，提升市场地位。诺

基亚错误地判断了移动互联网时代的战略转折期，也没能将市场优势
与行业地位转化为持续竞争的原动力，最终将领先优势拱手让人，没
落于手机市场的激烈竞争之中。

从决策的视角优化人效，重点在于提高决策的质量和效率。那
么，如何才能高质高效地做出决策呢？

针对决策，本书提出了决策复杂度创新度矩阵（见图5-7）。需
要决策项目的重要程度、复杂程度，以及在这一事项上过去积累的经
验，决定了这一事项是民主决策、集中决策，还是集权决策、适度授
权。如果在决策事项上缺乏足够的经验，或者对于这一决策事项，期
望获得与过去完全不相同的结果，那么在决策上应尽量保持开放的态
度，更广泛地吸引外部专家参与决策。如果对于待决策事项未来的执
行过程和结果缺乏足够的判断，那么应采取"有效管理确定性、适应
不确定性"的决策策略。

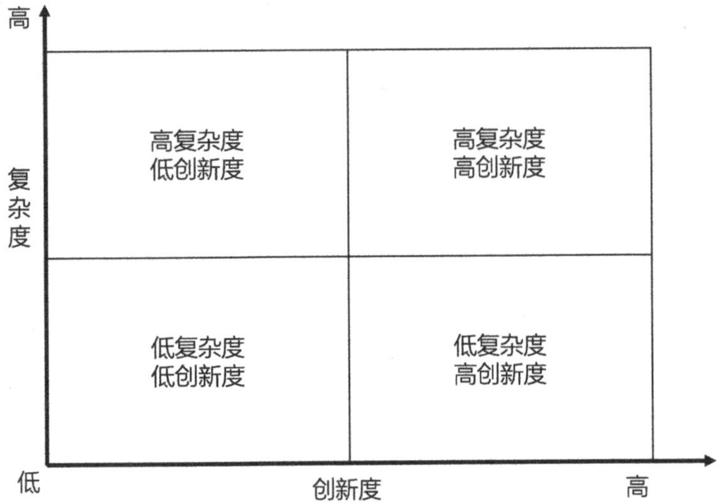

图5-7 决策复杂度创新度矩阵

做出高质量决策的前提是，对待决策事项有准确的分类——高复杂度、高创新度的事项才需要高质量决策，其他事项则需要通过制度流程作为保障进行授权。

为了提高这部分决策的质量和效率，本书建议应做到"先民主再集中，先理性再感性"。"民主"是决策前收集信息的过程，在这个过程中，理越辩越明，一定要听取最广泛的意见，包括公司内外的一切专家与相关人士，然后与做这件事的核心人员商量，但最终的决定只能集中决策。所谓谁负责，谁做主。同样，"理性"也是发散收集信息的过程，通过这一过程可以广泛收集支撑决策的理性证明。但如果只将决策交给理性，往往不会获得最好的结果。这是因为每个行业都有自己的"明规则"和"潜规则"，而真正影响战略决策质量的往往是决策者对潜规则的感觉，而不仅仅是靠逻辑推导。这就是为什么说提高决策质量和效率，要做到"先民主再集中，先理性再感性"。

第七节
通过工作分析来减少人力资源浪费

企业的发展状况和运营效率与组织岗位设置是分不开的。工作分析是对工作进行全面的分析，是指通过系统、全面的收集情报手段，掌握有关工作细节的过程，以使组织能够提高管理效率。工作分析对企业的战略落地和组织优化具有十分重要的作用，它可以实现企业战略，明确岗位的内容和边界，提高流程的效率，实现权责的对等。本节将就工作分析中的饱和度分析、定位分析、人岗匹配性分析进行详细介绍。

1. 饱和度分析

工作饱和度是员工的有效工作时间与规定的劳动时间的比值，通过测量员工工作的饱和度，可以为人力资源管理部门和高层管理者进行有效的人事预测和计划提供可靠的依据，对企业进行科学的定岗定编，也可以提升员工的公平感，降低员工流失率。如今，测评员工工作的饱和度不只是要找出不饱和的岗位，更要合理规划工作流，防止过度饱和即过劳现象。新常态经济更加强调可持续和以人为本。有学者指出，如果从经济角度来讲，过度劳动会导致效率降低，甚至可能产生生产、交通等事故，过度劳动的挤出效应会挤占就业岗位。

企业应在找出不饱和及过度饱和工作岗位的基础上，分析影响饱和度的各项因素，找出导致工作饱和度过低或过高的原因并加以改善，从而提高整体工作效率。

2. 定位分析

企业管理是实践的过程。在实践中，企业应当根据自身的业务和战略对岗位进行重新定位和规划，从而真正实现为业务服务，为战略服务。

相对于招募业内一流的人才，招募合适的人才对企业而言更为重要。以财务岗位为例，处于初创阶段的企业，对财务岗位的要求更多的是保证财务报表的准确性，甚至在这个阶段，很多企业会选择将财务相关业务外包。而处于高速成长阶段的企业，对财务岗位的要求则有所不同，财务岗位需要辅助经营，进行经营分析和财务预测。对于成熟阶段的企业，则更加强调财务与业务的连接，强调资金的盘活与资源的管理。

综上，岗位的定位需要适配企业的发展阶段，并做适度的前瞻性考虑，这样才能促进企业更好地成长和发展。岗位的定位过低会对企业发展造成制约；岗位的定位过高会使岗位工作内容太过超前，导致资源浪费。

3. 人岗匹配性分析

在组织中，我们经常听到业务部门抱怨下面的人手不好用，而下面的员工又纷纷吐槽自己的才干得不到认可、能力得不到发挥。其实，这是一种典型的人岗错配导致的结果。人错力偏使岗位上配备的人所擅长的与岗位需要的不相匹配，从而影响了效能的发挥。

市场决定业务，业务决定人才。为了避免人岗不匹配的情况，首先，企业应当从企业战略目标出发，分析企业当前面临的市场环境，认真梳理所需岗位的人才标准。其次，企业应当制定稳定、系统、有效的人才评价方法，快速准确地识别人才。最后，企业应当建立动态的员工盘点与调配机制。人力资源也是企业的资产，需要定期盘点，明确人才现状与标准间的差距，寻找解决方案。

综上，企业的人力资源管理工作是企业长期发展的保证，而工作分析是一种有效的管理措施，企业应充分了解和认识工作分析的饱和度、定位、人岗匹配性。这有助于企业在人力资源管理中进行统一部署和分析，以提升人力资源的利用效率。

第八节

通过编制管理来控制人效

定编是开展企业人力资源管理工作的基础性工作。它要求企业本着精简机构、节约用人、提高效率的原则，规定各岗位需要配备的人员数量。定编并没有一个固定的模式，企业应当根据自己的情况，结合企业发展的不同阶段，运用不同的方法来设计。

假设企业发展过程有初创、快速成长、成熟、转型四个阶段，在不同阶段确定编制的方法是不同的。

在初创阶段，创业团队内部基本不存在定编的问题，团队小，每个人都是独当一面甚至一专多能的。在此阶段，企业业务还不成熟，变化调整相对较多，具有较大的风险和不确定性。因此，对于初创阶段的企业，在人力成本和编制上控制的关键是，做好业务孵化的里程碑管理。在业务孵化的过程中，一定要有几个关键里程碑，根据里程碑所处的不同阶段，动态管理人工预算和编制。

处于快速成长阶段的企业，其人力成本和编制控制的逻辑和方式与初创阶段有所不同。一般而言，业务快速成长往往来源于业务的复制。在此阶段，企业经过最小市场验证后，核心产出是要把商业逻辑走通，通过业务复制来支撑高速增长。在此阶段，人力成本和编制控制的基本原则叫作经验曲线，即人力成本增长速度低于业务增长速度。其背后隐含的道理是，人力成本预算的增加需要带来人效的增长。如果人加得更多，业务增长反而没那么快，那么企业发展肯定会出现问题。

经过企业个体的不断发展壮大，处于成熟阶段的企业，就必须定编、定成本了。所谓成熟阶段，是指企业的增长基本上是可预测的。所以，在此阶段的人力成本和编制的数量，可以分成存量和增量两部分来管理，存量部分要确保保持不变，或者逐渐下降，而增量部分人力成本的增加，必须有合理的原因来解释。

对于转型阶段的企业，编制管理又有截然不同的原则。转型包含转型或退出。退出的原则相对简单，即编制裁减得越快越好，成本控得越快越好。转型则相对复杂，要特别关注新老业务的结构。例如，有多少人力成本支付在新业务上，有多少人力成本支付在老业务上，有多少人力支付在新业务上，有多少人力支付老业务上。人力成本和编制的增加要与业务转型的路径相匹配。

对于企业编制的控制，本节将在此处给出五种方法，供读者参考。

1. 业务数据分析法

根据企业的历史数据和战略目标，确定企业在未来一定时期内的岗位人数。业务数据包括销售收入、利润、市场占有率、人力成本等。具体操作如下：

（1）根据企业的历史数据（业务数据/人）和企业发展目标，确定企业短期、中期、长期的员工编制。

（2）根据企业的历史数据，将员工人数与业务数据进行回归分析，得到回归分析方程；根据企业短期、中期、长期业务发展目标，确定员工编制。

2. 本行业比例法

本行业比例法是指按照企业员工总数或某类人员总数的比例来确定岗位人数的方法。在本行业中，由于专业化分工和协作的要求，某类人员与另一类人员之间总是存在一定的比例关系，并且随着后者的变化而变化。

计算公式如下：

M（某类人员总数）$= T$（服务对象人员总数）$\times R$（定员比例）

3. 按组织机构、职责范围和业务分工定编法

在组织机构和各职能科室及各项业务分工与职责范围明确的基础上，根据业务工作量的大小和复杂程度，结合管理人员和工程技术人员的工作能力和技术水平确定岗位人数的方法，即以定性分析为主。

进行管理人员定编时仍需同时考虑以下因素：

（1）管理人员个人的因素：本人的能力，下属的能力，受教育程度等。

（2）工作因素：工作的标准化程度和相似程度，工作的复杂程度，下属工作之间的关联程度。

（3）环境因素：技术、地点、组织结构等。

4. 预算控制法

通过人力成本预算控制在岗人数，而不是对某一部门内的某一岗位的具体人数做硬性的规定。部门负责人对本部门的业务目标和岗位设置及员工人数负责，在获得批准的预算范围内，自行决定各岗位的具体人数，即自下而上上报人员编制，公司自上而下审批。

5. 业务流程分析法

（1）根据岗位工作量，确定各岗位单个员工单位时间的工作量和单位时间的处理业务等。

（2）根据业务流程衔接，结合上一步的分析结果，确定各岗位人员编制比例。

（3）根据企业的总业务目标，确定单位时间内流程中的总工作量，从而确定各岗位人员编制。

人员编制与预算的控制在人效管理中发挥着重要的作用，企业应结合所处发展阶段，明确定标要求，促进企业效率最大化。

第九节

通过将个人经验转化成组织经验来提升人效

对过往成功经验的萃取和复制对整个企业的价值不言而喻。华为创始人任正非说："组织最大的浪费，就是经验的浪费。"经验的流失会使管理效率降低，时间成本上升，并增加企业管理的复杂性，甚至导致企业矛盾的产生。通过对成功经验的萃取、复制和传承，可以有效降低企业成本，提升企业管理效率。

一、经验萃取的含义及价值

经验萃取指的是通过不断的记录、整合、提炼与更新迭代，得出可复制的工具、模板、手册、流程、方法论或者课程与案例等。其价值可以体现在组织及员工两个层面。

从组织层面出发，企业规模越大，对组织的依赖程度就会越强，对组织能力的要求也会越高。而组织能力在很大程度上取决于企业的制度、流程、机制、授权等体系的建设。一个正常运转的企业，至少应该有70%的工作都是可以用制度、流程等进行规定和要求的。理想的经验萃取过程可以使个人经验组织化、组织经验共享化、共享经验行动化、行动经验成果化，帮助企业建立标准化的体系，提升组织绩效。

从员工层面出发，大部分企业的成功经验是企业员工在工作实践过程中摸索和总结出的可以提高工作效率、改善工作质量的一系列方法和技巧。这些企业管理过程中的最佳实践往往只留存在有一定工作年限的员工的头脑里，并没有加以提炼和整合到管理层面，难以被企业留存，常常随着经验携带者的离职而流失，而新员工只能重新摸索，积累相应经验。经验萃取使员工个人经验从隐性向显性转变，能够大大降低员工流失后的风险。同时，经验萃取的过程本身也是员工自我学习的过程。实际工作中，很多绩效表现优秀的员工有一身宝贵的经验却不自知，更不能做到主动思考、归纳总结。经验携带者在萃取的过程中对自己的经验进行梳理和提炼，对经验进行评估和复盘，从而让最佳实践科学化、合理化。当经验携带者将自己的经验完成输出时，也会获得相应的成就感和自我认同感。因此，可以看出，经验萃取也能有效促进员工的持续提升。

二、经验萃取的过程

经验萃取的核心是显化成功经验背后的理论原理，其过程一般可以分为四个步骤（见图5-8）。

图5-8　经验萃取过程

1. 确定萃取标的

在经验萃取前，首先需要做的是，确定期望萃取的经验标的，也就是选择最佳经验携带者。根据选择的萃取标的，确定萃取目标并设计编写萃取任务书。

2. 抓取萃取内容

利用各类萃取方法，协助经验携带者将他们的隐性经验进行结构化提炼，依照内容分类（如理念、知识、技能等）进行萃取内容的抓取，分离人与经验。

3. 设计萃取产出

通过抓取出来的萃取内容，进行萃取产出的设计。一般来说，主要的产出物可以分为流程文件（包含流程图、流程描述、配套表单等）、理论框架、培训教材、案例等。

4. 应用萃取结果

萃取后的结果需要先进行审核，对经验的可复制性、应用成本、可使用性进行专业评审，避免盲目应用。适宜传承和转化落地的萃取结果将为企业发展做出贡献，按照先前分类对不同岗位、不同层级的员工进行经验分享与传授，同时对企业流程、制度进行优化。

三、经验萃取的方法

经验萃取的方法有很多种，本节将分享四种较为常用的经验萃取方法。

1. 战略输入

战略输入指的是在明确战略重点的基础上进行战略解码。应用这一方法，首先要明确战略重点。战略重点是指具有决定性意义的战略任务，是战略性的，是影响全局和长远的工作重点。其内容可以分为外部市场导向和内部导向两个方面。战略重点的明确是战略分解过程中最为核心的部分之一，只有明确了企业发展的战略重点，才能真正做到有码可解、解之有效。

明确战略重点可以通过对战略重点的描述来实现，重点需要描述清楚的是，战略成功后的样子、涉及的关键指标、战略实现的有利因素以及可能的障碍。随后，可以从战略重点出发，进行关键指标分解并制订行动计划。

2. 关键流程分析

关键流程分析指的是绘制流程，辨别关键流程并对关键流程进行拆解。那么，什么样的流程才是关键流程呢？此处和大家分享四个辨别关键流程的原则。

（1）80/20原则。20%的流程承担了企业80%的工作。抓住这些关键流程就抓住了流程优化工作的"七寸"，做起事来将事半功倍。

（2）绩效低下的流程。流程总是有产出的。若一个流程的运作效率十分低下，并且也没有什么效益，限制了企业整体的运作收益，也应视其为关键流程。

（3）位势重要的流程。分析哪些是客户最关心的问题，哪些流程对相应战略指标影响最大，从而根据流程位势的重要性，排列出流程的先后次序。

（4）落实可行的流程。识别关键流程的目的是进行适当经验的萃取，达到快速复制与提升的目的，然而有的流程各方面实践条件并不成熟，那么该流程暂时就不应列为关键流程。

在识别关键流程后，需要对关键流程进行拆解，明晰流程各节点、节点说明、责任部门、重要输出、时间要求等。

3. 关键场景分析

关键场景分析指的是对工作的关键场景进行详细描述，并细化场景中的步骤和行为。对于关键场景的描述需要覆盖七个要素（见图5-9）：

（1）时间：发生的时间、频率、时长等。

（2）场所：发生的场所、环境、相关的设备设施。

（3）人物：这一场景的相关干系人及扮演的角色。

（4）目标：这一场景的理想目标是什么。

（5）行为：主人公的行为是什么，什么是积极的行为，如何通过行为影响最终的结果。

（6）步骤：这一场景发生的步骤是什么。

（7）结果：现实中通常的结果怎样，各类结果的概率如何。

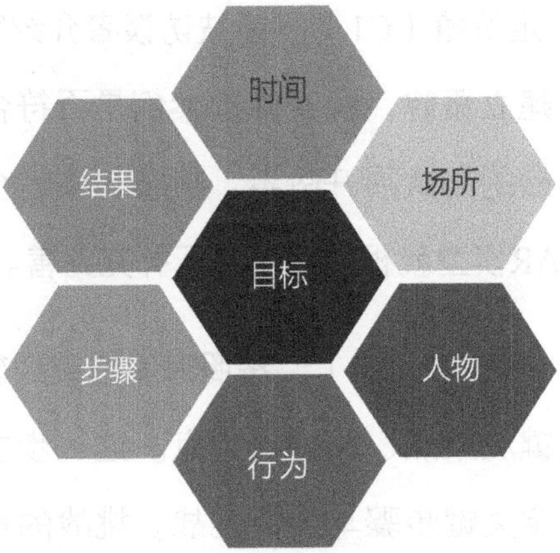

第五章
将人效优化与组织管理链接 165

图5-9　关键场景分析

4. C-4访谈法

C-4访谈法是以挑战为中心的四步深度访谈，是一种较为实用的，可以帮助萃取者从个人经验分享中进行萃取的访谈方法（见图5-10）。具体操作如下：

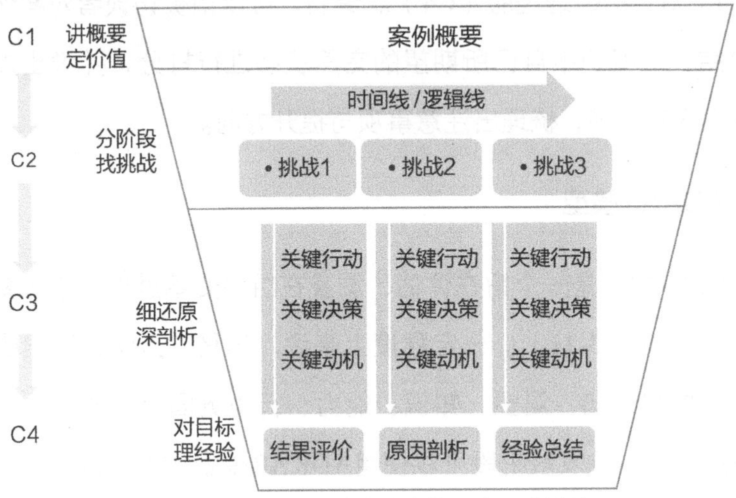

图5-10　C-4访谈法

（1）讲概要、定价值（C1）。请被访谈者介绍案例的整体概况。这一步主要是为了建立概貌，快速筛选案例是否符合主题要求，同时引导被访谈者以轻松的方式展开故事。待被访谈者全部讲完后，可以根据需要，按照STAR模型就相关细节进行补充完善。

（2）分阶段、找挑战（C2）。按照时间线或逻辑线，将案例划分成几个阶段，如关键决策点、关键行为点。这一步主要是为了建立深入挖掘的结构，确定关键步骤与关键挑战。挑战的背后往往隐藏着专家经验，找挑战的过程可以帮助被访谈者明确深入访谈的重点。

（3）细还原、深剖析（C3）。这一步是访谈过程中最关键的步骤。详细分析行为，全面还原具体做法，找出与一般人不同的行为模式和操作要点，同时进行行为背后的价值剖析与信念分析，充分展现出被访谈者的行为模式、思维模式、动机信念。

（4）对目标、理经验（C4）。最后，可以请被访谈者对案例整体进行总结，对案例中自己所期望的完美状态进行打分，并说出加分和扣分的主客观原因，梳理出注意事项与提升方向。

5. ADKAR模型

ADKAR模型是一个旨在评估、测量在组织变革过程中个体变化过程的模型[1]（见图5-11）。一定程度上来说，工具、方法、流程的实施都要靠个体的认知、渴望、知识、能力、行为巩固等方面的改变。因此，在经验萃取的发散阶段可以使用ADKAR模型作为工具，此时不要

1　项目管理协会. 项目管理知识体系指南 [M]. 7 版. 北京：电子工业出版社，2022.

特别拘泥于产出知识点的准确性，而要通过该工具尽可能地抓取过程中的知识点。ADKAR模型各步骤的主要内容如下：

图5-11　ADKAR模型

第一步：认知（Awareness），即行为者对事件必要性和重要性在价值观层面的认知。

第二步：渴望（Desire），即行为者的意愿和期待，支持还是反对。

第三步：知识（Knowledge），即行为者是否掌握了所必需的知识。

第四步：能力（Ability），即行为者是否有足够的能力。

第五步：巩固（Reinforcement），即行为者是否有措施来固化改变后的习惯和成果。

第六章

将人效优化与
人才管理链接

从人才管理来看人效，主要来自两个方面的视角：一是内部人才结构的优化，包括选择更有能力的人或者淘汰不合适的人，形成精干的员工队伍；二是员工敬业度的提升和高价值人才的驱动，通过激励和培养等手段调动员工工作的积极性，提升员工素质，从而让员工创造更多的价值。

第一节

通过保持合理的人才结构达成人效目标

合理的人才结构在实现经营目标的同时，也能够提高投入产出比。不同行业的人才结构往往不同，即使是同一行业，不同类别、不同发展阶段的企业，在人才结构上也会有差异。

我们可以通过分析人才结构的变化趋势，观察其对企业经营的影响，检验其是否匹配业务的发展要求，及时识别出不合理的迹象，发掘人才结构中的风险，并做出相应的调整。

通常，金字塔形、倒三角形、菱形人才结构是较为常见的三种人才结构（见表6-1）。

- 金字塔形：金字塔形的人才结构中，基层员工人数最多，中层次之，高层人数最少。很多传统制造型企业，以及客服、生产、仓储、物流、行政等标准化程度较高、创新性要求低的岗位，其人才结构上呈现出典型的金字塔结构。

第六章
将人效优化与人才管理链接

171

表 6-1 三种人才结构

人才结构	结构特点	适用场景	不足	管理需求
金字塔形	少量的专家 大量的基层员工	规范化/流程化的工作场景	创新不足，缺少变化和活力，对优秀员工的依赖性强	需要建立标准化的作业流程
倒三角形	大量的专家 少量的基层员工	需要高突破、高创新、高质量交付或服务的工作场景	团队较难以管理，外聘员工流失率高	打开专业发展通道，增加团队建设的投资，自己培养人才
菱形	少量的专家 大量的适岗员工 少量的基层员工	折中的创新和折中的质量交付，最优的人力成本控制	员工的发展空间受到一定的限制，容易产生流失	科学的评价和激励，保留最优秀的员工，建立有效的发展和退出机制

- 倒三角形：倒三角形的人才结构中，中高层是团队的主体，高层到基层的人数呈现递减状态。这种人才结构常见于一些高科技、投行和咨询企业，或者研发、战略、大客户岗位，对技术或知识门槛往往有较高的要求。

- 菱形：菱形的人才结构中，中层人员是团队的主体，比高、基层人员都要多，这些中层员工往往能够独立负责某一专业领域的工作，常见的如销售、人才、财务、采购、质量等岗位。

在了解这三种常见的人才结构后，读者可以尝试思考，在大多情况下，哪种人才结构产生的人效结果是最好的呢？

一般而言，菱形的人才结构往往能实现更好的人效结果。这是因为，在金字塔形人才结构的组织中，大量员工处在培养阶段，即资源储备阶段，还不能提供所处岗位要求的价值产出。从人效公式来看，这意味着整体的产出并不会非常理想，即分子会降低，因此，人效指标也会受到影响。

在倒三角形人才结构的组织中，大量人才集中在中上层，产出的结果是非常不错的，但为了留住这些中高层人才，企业不得不支付大量人才成本。从人效公式来看，这代表着总体成本的上升，即分母会增大，所以总体的人效结果也不会特别理想。

而菱形的人才结构相对而言是一种比较合理的结构，因为大量人才都处在企业投入产出最合适的阶段。员工的工作经验及工作绩效能够匹配企业的要求，而企业支付的薪酬成本又处在一个合理区间，所以菱形人才结构的组织往往能获得较为理想的人效结果。

以上仅是人才结构分析的一部分，我们还可以对以下几个层面进行分析，使其更具有现实指导意义。

- 前中后台人员分析：可以按照组织结构中的序列或职类，对人员数量进行分析。例如，有些组织会设置"小前台、强中台、大后台"的结构，按照前中后台的方式进行人员数量的统计分析，以此判断人才数量结构分布的合理性。

- 关键岗位分析：在组织结构中识别关键岗位，在此基础上，分析关键岗位人员的在职和岗位空缺情况，关注关键岗位人才的梯队建设，避免关键岗位的人才链断裂。

- 年龄分析：年龄分析包含实际年龄分析和司龄分析两方面。结合所处行业特点，分析企业整体年龄和司龄分布，并且结合不同层级、不同职类岗位，判断年龄结构和司龄分布是否合理，关注团队活力，避免"老龄化"。

- 学历分析：不同岗位类别对人员学历的基本要求是不同的，对于管理、技术等岗位，学历在某种程度上体现着一个人的基本素质和发展空间。企业可结合所处的行业特点，分析内部人员的学历结构，判断目前的人员学历能否满足企业发展要求。

当然，人才结构分析的内容不仅于此，人员离职率、内部晋升比例、后备梯队的储备率等的分析都有助于从群体层面发现人员配置方面的问题，找到关键的人效提升点。人才结构不合理，就会造成人力资源的投资、分配的不合理，导致人效低下。

第二节

确保关键人才配置合理，避免造成用人损耗

人员晋升、降职、调岗等管理决策属于企业在人才管理方面的常规动作。在人才配置方面，很多企业往往仅依据静态的任职标准制定"一刀切"式人才管理决策，而缺少根据实际场景需求的灵活调整，此种粗放的管理方式往往导致人才的配置效率不高、效果不佳。特别是对于关键管理岗位，错配人才给企业带来的经济损失、机会成本，甚至造成的团队人才流失等情况，都会影响企业的人效结果。

人岗匹配，就是在遵循"人尽其才，才尽其用，人事相宜"的原则下，根据组织中不同员工的素质差异以及岗位的不同要求，将合适的人安排到合适的岗位上，从而最大限度地提高人效。要缩短人岗不匹配周期，充分释放岗位设置效能，必须遵循如下原则：

（1）能级对应原则。在组织中，不同的岗位对人的要求是不同的，这些不同的要求也就构成了不同的层级。同时，相应的层级在岗位的职责上是相近或相似的。因为每个人所具备的能力水平也存在差

异，所以处于对应的能级位置上。能级对应就是做到根据每个人的能力水平将其放在合适的岗位职责和职级上。

（2）优势定位原则。人的发展受先天因素的影响，更受后天实践的制约。后天形成的能力不仅与本人的努力程度有关，也与实践的环境相关，因此人的能力发展实际上是不平衡的，其个性也是多样化的。每个人都有自己的优势和劣势，有独特的专业特长和工作爱好。优势定位原则主要包括两个方面：一个是人自身应根据自己的优势和岗位要求选择有利于发挥个人优势的岗位；另一个是管理者应能够准确地识别人的优劣势，并将其安排在最有利于发挥其优势的岗位上。

（3）动态调整原则。动态调整原则是指当人员或岗位发生变化的时候，要适时地对人员配置进行调整，以保证岗位上始终有适合的人承担。岗位或岗位要求也是不断变化的，人也是不断变化的，人对岗位的适应也有一个实践与认知的过程，由于种种原因，会出现能力不对应、用非所长等情形发生。如果搞一次定位、一职定终身，既会影响工作又不利于人的成长。因此，只有在不断的动态调整过程中才能实现人岗匹配。

（4）内部为主原则。一般而言，企业在使用人才，特别是高级人才的时候，总觉得人才不够，抱怨人才不足。其实，每个企业都有自己的人才，问题是"千里马常有，而伯乐不常有"。因此，关键是要在企业内部建立人力资源的开发机制、使用人才的激励机制。这两个机制非常重要，如果只有开发机制，而没有激励机制，那么企业的人才就有可能流失。从内部培养人才，给有能力的人提供机会与挑战，营造紧张与激励氛围，是企业发展的动力。但是，这也并非排斥引进外部人才。当确实需要从外部招聘人才时，企业就不能"画地为牢"死死地盯着内部。

同时，企业需要根据不同的业务场景、不同岗位的胜任要求以及人才优势定制化设计精益化人才管理工具，才能最大化提高适配度。

不同人才策略的人效管理逻辑是不一样的，首先要基于战略识别企业关键人才，把人才按成绩、序列、业务等进行分类，然后再选择不同的人效管理工具。一般而言，有如下四种人才配置策略：

（1）专业深耕。这种配置策略是指把某类人长时间锁定在一个岗位上，保持人才在专业发展和职能发展的稳定性，有助于人才的业务深耕和专业深耕。这种配置策略适合某些对于专业深度依赖较高，或者对本地化深耕要求比较高的岗位。例如，民办幼儿园园长对于当地周边资源的深耕非常重要，而且这个岗位一般都是女性，不太愿意在全国各地轮岗，这种岗位就适合使用专业深耕的配置策略。需要注意的是，这种策略容易形成本地山头文化，总部可能会存在对基层团队失去控制的风险。

（2）周期性轮岗。这种配置策略主要是通过不同岗位的轮岗，培养员工的综合管理能力，我们称之为培养一专多能的"T形人才"。很多企业在不断发展的过程中，都需要经历多次组织裂变的过程。例如，多产品/多项目/多事业部的裂变，通常在裂变的过程中，需要外派较多的综合管理者，需要合适的授权，需要其具备一专多能的综合能力，而周期性轮岗是为组织裂变储备"T形人才"的最好策略。因此，周期性轮岗一般需要在组织裂变发展的前两三年有序开展。

（3）老人新用。把有经验的人才配置给新的业务，以提升新业务孵化的概率，而让新员工负责老业务，以实现锻炼人才的目的——这是很多不断推陈出新的企业在人才配置上的理性做法。通常，新业务的管理难度要大于成熟的老业务，企业为了确保持续发展，必须不断推陈出新，但是如果让新员工去管理新业务，由于其缺乏必要的经验，通常业务失败的概率会更高，从而造成企业投资损失。因此，企业需要构建更合理的激励政策，引导更多的有经验的员工去做新业务，鼓励他们内部创业，这样将更有助于企业不断推陈出新、新陈代谢，实现持续的高增长。

（4）均衡配置。大多数企业都会面临多种人才配置的场景，有些岗位需要深耕，有些岗位需要轮岗，有些岗位需要"老人新用"。企业需要对上述三种配置策略进行综合运用，并设置对应的人才管理、发展政策，以及对应的考核激励机制，以实现人才的最优配置。

通常，对于干部的任免也会存在多种不同的应用场景，选拔策略需要配合场景来使用。例如，周期性轮换场景、新组织的团队、救火队长、互补型领导等。为了确保人才的流动可以实施，需要配套调整激励评价方案，搭建人才梯队，做好人才储备。

第三节
通过调薪降低薪酬负担

提到人效提升，降本减支是许多企业的首选应对之道。降薪成为"见效最快"的手段。不少企业只会大刀阔斧地降本，而不想方设法去增效，不但没能帮助企业渡过难关，反而因为降薪陷入对于业绩负面影响的循环，大伤元气。

我们认为"降薪"应是不得已的行为，任何时候、任何形式的薪酬普降都会伤及员工士气和企业元气，必须审慎；同时，人力成本"增效"反而应该是困难期HR和各级管理者更需思考的事情。即，如何用好有限的薪酬资源，倒逼、引导提质提效动作，激励员工拼搏，促进业绩回暖。

"增效"的核心在于，用薪酬策略引导、激发出提效行为，拉动业绩，实现同等人力成本更高产出或更少人力成本同样产出。"降本"的核心在于，对接人才盘点和薪酬分析，实现合理的"冗员裁减、庸员砍薪、虚高者降薪"。短期内控制薪酬成本，有以下四种主要方法。

1.控制雇佣量

对于雇佣量的控制可以从人数及工时两个方向入手。人数控制即通过工作分析减少人员编制，通过盘点除去冗员及庸员。工时控制则是灵活运用工时制度，做好加班工时管控。对符合实行不定时工作制度和综合计算工时制的劳动者，报经劳动行政部门批准执行不定时工作制和综合工时制，最大限度地利用法定工作时间。

2.控制总额

总额控制，即薪酬总额与业绩和人效目标（一般是人力成本对于销售或利润的占比）联动。总额机制下，要保证和扩大收入，要么提业绩，要么提人效。具体的规则设定，需要考量人效目标、业绩目标、薪酬水平定位，通过测算、综合分析来设定。考虑业绩下行，人效目标允许有所下调，但实现难度应该更甚以往。

3.控制调薪

控制调薪是应急之举，不宜长期实施，一般仍保留或择时开放调薪政策，但更强调，管理调薪额度，控制调薪频率，提升调薪门槛，联动业绩人效。例如，缺业绩不调薪，出业绩再调薪，极优秀才调薪，提人效可调薪；调薪周期延长适当，在员工薪酬成长需要与整体紧缩之间做好兼顾、平衡。

4.控制薪酬结构

收缩期可适当提升奖金包占比和额度，缓解固定工资带来的经营现金流压力，把预发变成事后兑现，激励业绩达成，特别是针对高弹性、业绩更易量化的部门和岗位。比例转化可通过调薪等薪酬管理行为逐步达成。也可将短期激励转为长期激励，包括限制性股票、股票期权、虚拟股票、递延奖金、退休金计划等。激励高管考虑企业长期利益，加大薪酬杠杆的激励力度和约束力度，促使高管行为的长期化，降低成本。

短期内控薪酬成本可以让企业用好有限的薪酬资源，从而倒逼提质提效动作。

第四节
通过减少最易忽略的制度成本来提升人效

制度成本是企业管理中最常见的成本损耗，却又是最容易让人忽略的部分。任何企业都会有战略目标，战略是通过员工的执行来实现的。企业每名员工的任何一项工作内容，只有真正地支撑到企业的战略、连接到企业的战略才有价值，反之，就会给企业带来损耗，我们称之为制度成本。

根据美太咨询多年的咨询经验来看，产生制度成本的第一个主要原因是，很多企业中大量的管理层和员工都不太清楚自己的工作与企业战略的关联关系，特别是离战略目标较远的后台部门和基层岗位。某企业在外部环境的影响下，调整企业战略，由高增长转变为成本最优。我们在与企业质量管理部门负责人沟通的时候，谈到这一战略转变对质量管理部门有什么影响时，他认为主要还是进一步提升企业的产品质量，将原本不错的产品合格率（已超过国家标准）再提升两个百分点。该企业所处的行业，产品合格率的提升意味着需要大幅度增加投入，提高单位成本，显然，质量管理部门的认识和企业倡导的"成本最优"战略是不一致的。

其实，上述这种现象非常普遍。很多员工基本上是基于专业背景、自有经验来做事情，只有很少员工认真地理解企业战略，把事情做得更有效。因此，企业需要每年至少做一次战略解码，把战略自上而下、从前到后做一次有效的分解，明确不同部门、不同层级对于战略的价值，并且厘清不同部门之间的串联和协同管理，以大幅地降低制度成本。

通过使用平衡计分卡（BSC）来绘制战略地图，是一个很好的对战略进行分解的工具。它有效地将企业财务指标、客户指标、流程运营指标和学习创新指标进行串联，实现财务指标和非财务指标的平衡、结果和过程指标的平衡、内部指标和外部指标的平衡，以及短期指标和中长期指标的平衡。通过战略地图，企业所有部门、所有职能的目标都会与企业的财务目标进行链接，从而达到"力出一孔"的目的。美太咨询战略闭环管理的工具——战略八步法如图6-1所示。

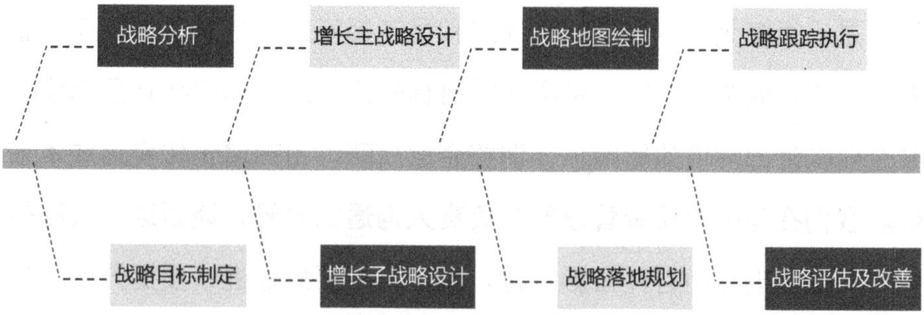

图6-1 美太咨询战略闭环管理的工具——战略八步法

产生制度成本的第二个主要原因是，企业制度缺乏战略匹配性。

企业的绩效考核制度、激励制度、职业发展制度是对员工的行为、意识和工作结果产生最直接影响的制度。如果设计制度时不能有效地将战略对员工的诉求融合到制度中，或者制度设计不能围绕战略进行，那么制度对员工工作行为的影响就会与战略期望产生背离，进而产生内耗，降低人效。例如，高增长战略通常要求激励制度充分体现奖勤罚懒，激发员工的工作动力。如果激励结果并没有充分体现绩优员工和一般员工的收入差距，那么制度与战略诉求是不匹配的。高质量发展战略一般对于每个岗位的业务专精要求比较高，与之匹配的职业发展制度，应该更强调"大步慢跑、缓慢晋升"的策略，并辅以知识萃取的晋升要求，让员工深耕每个岗位，做到精益求精。

企业在设计制度时没有充分考虑不同的场景，设计不够精益，也会产生大量制度成本。很多企业的销售部门通常存在不同的销售模式，如大客户销售、渠道销售、在线销售等，不同的销售模式对于销售人员的能力要求存在明显差异。例如，大客户强调客户关系和客户深耕，渠道销售强调分销商的开发、管理和运维能力……显然，针对不同的销售模式，应该采取差异化的考核、激励和职业发展政策，才能体现更精准的激励效果。

同样，研发部门也存在多种研发类型并存的情况。例如，"从0到1"的基础性研发，以及"从1到10"的应用型研发，无论在研发投资、研发管理、人才要求等方面都会明显不同。图6-2是某公司研发激励的精益化设计示例，针对应用型研发该公司采用了项目里程碑的方式进行考核激励，而针对"从0到1"的创新型研发，该公司采用了内部创业的方式进行考核激励。

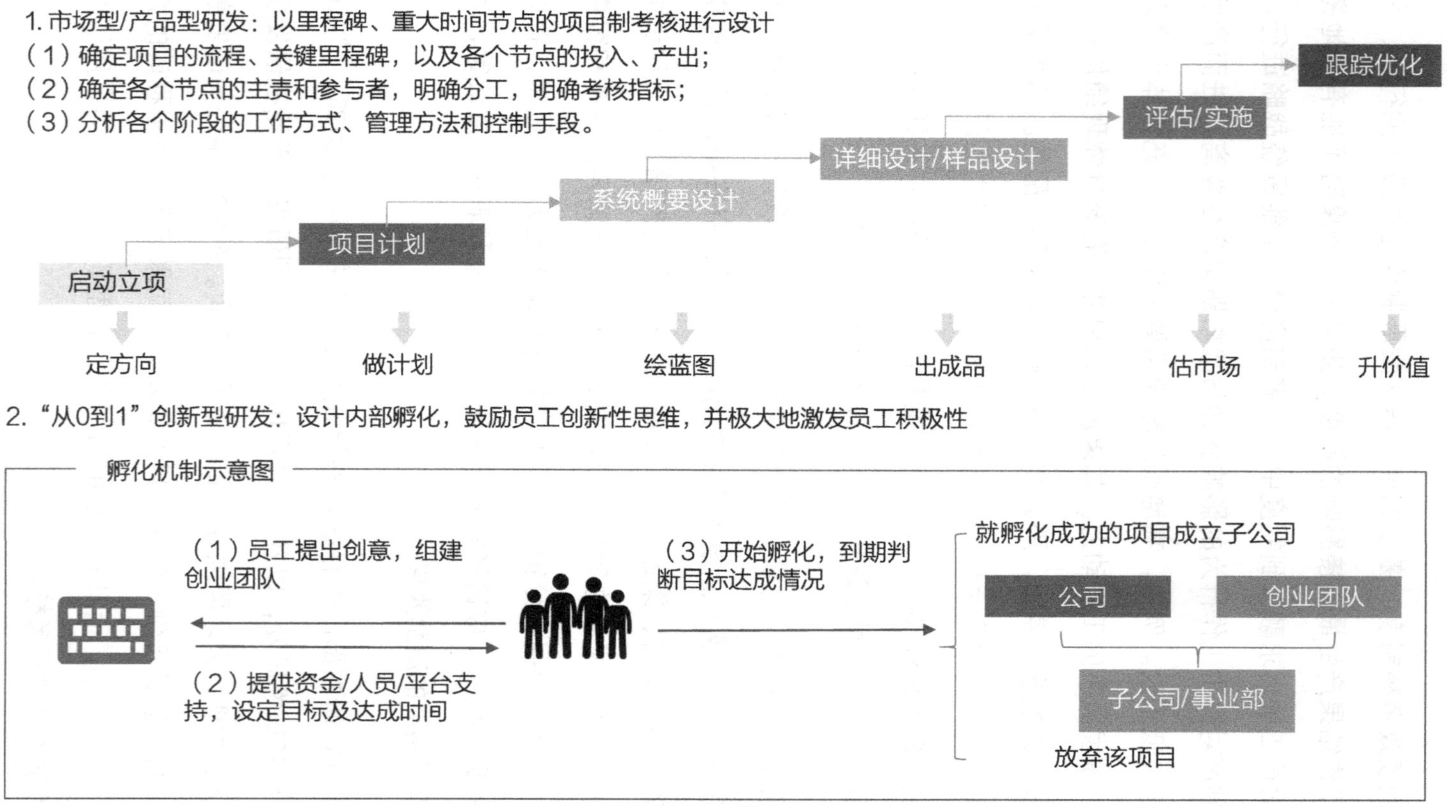

1. 市场型/产品型研发：以里程碑、重大的时间节点的项目制考核进行设计
(1) 确定项目的流程、关键里程碑，以及各个节点的投入、产出；
(2) 确定各个节点的主责和参与者，明确分工，明确考核指标；
(3) 分析各个阶段的工作方式、管理方法和控制手段。

启动立项 → 项目计划
定方向

做计划 → 系统概要设计

绘蓝图 → 详细设计/样品设计

出成品 → 评估实施

估市场 → 跟踪优化

开价值

2. "从0到1"创新型研发：设计内部孵化，鼓励员工创新性思维，并极大地激发员工积极性

孵化机制示意图

（1）员工提出创意，组建创业团队

（2）提供资金/人员平台支持，设定目标及达成时间

（3）开始孵化，到期判断目标达成情况

就孵化成功的项目成立子公司
公司 — 创业团队
子公司/事业部

放弃该项目

图6-2　某公司研发激励的精益化设计示例

第五节
提高人才培训的投入产出

很多企业在人才培养方面投入了大量资金成本，但是如果培训效果不够显著，就会造成极大的浪费。从美太咨询的研究情况来看，造成企业培训资源浪费的主要原因是培训管理不够闭环，培训资源不具有针对性。

研究表明，人的学习过程通常经历四个主要阶段（见图6-3），分别是：

（1）不知道自己不知道阶段。处于该阶段的员工，通常处于知识封闭的状态，没有见过世面、井底之蛙、迷之自信。在这一阶段的员工通常没有学习动力。

（2）知道自己不知道阶段。处于该阶段的员工，如果保持着向上发展的需求，通常会产生学习动力，这时的学习效果最好，对培训进行投资的产出比最高。

（3）知道自己知道阶段。这个阶段，员工已经掌握了必要的知识，但是需要推动员工有效地运用知识，才能促进创新，提高效率，产生价值。

（4）不知道自己知道阶段。员工在应用之后，还需要在这一阶段，对所学的知识进行总结、升华，把所学的知识变成自己的智慧，达到灵活运用的效果，完成学习闭环。

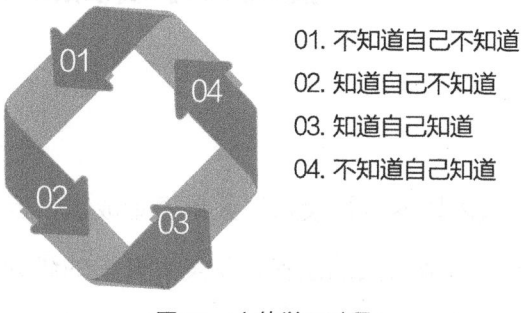

01. 不知道自己不知道
02. 知道自己不知道
03. 知道自己知道
04. 不知道自己知道

图6-3　人的学习过程

显然，如果企业的员工较多处于第一阶段，员工基本上没有任何学习动力，企业提供再多学习资源，也是没有用的。而在这个阶段，培训管理者应该更多地考虑怎么打破员工的自我认知，突破认知障碍和认知瓶颈。例如，通过测评反馈、外部对标等方法让员工见世面，产生学习动力。一旦员工产生了学习动力，培训的投入产出比就会大幅度提升。

另外，还需要注意引导员工在接受完培训之后，能够通过应用、复盘、总结、升华等手段，完成第3~4阶段的学习闭环，这样才能让培训学习产生价值。美太咨询在帮助企业构建学习闭环时，通常会使用"5会"原则，促进员工完成学习闭环。"5会"分别是会听、会用、会写、会教、会升华，即上课学习时会听，听懂明白记得住；听完之后，要会用，把所学知识有效地应用在工作场景中；用了之后会写，要把应用的心得总结、复盘；复盘之后，还要会教，把所学知识和所总结的经验整理成授课的内容，教给下属和新员工；最后要做到会升华，把理论、实践结合企业的实际情况进行升华，形成企业的宝贵经验。

第六节

通过优化人力成本结构来提升人效

人力成本除了薪酬成本，还包括招聘成本、培训成本、保留成本等。不同成本所起到的作用不同。因此，企业在不同阶段需要合理地控制不同成本的占比，以达到合适的投入产出效果。

不同人力成本给企业带来的价值如下：

（1）薪酬成本：满足员工的基本生活保障，对努力工作的员工给予激励。

- 基本工资：满足员工的基本生活保障。

- 岗位津贴：确保员工可以顺利、高效地完成工作任务。

- 短期激励/长期激励：对员工进行充分激励，促进员工做得更好。

- 福利：满足员工的生活保障，提升员工的工作/生活质量。

（2）招聘成本：对人力资源进行补充。

- 校园招聘：满足企业中长期的人才供给需求。

- 社会招聘：满足企业即时的人才供给需求。

（3）培训成本：保证人力资源增值，提高人均能力和人均产出。

- 知识技能培训：满足企业即时的发展需求。

- 领导力培训：满足企业中长期的发展需求。

（4）保留成本：提升员工忠诚度，控制人力资源流动风险。

- 员工关系费用：解决劳动风险，减少中长期人才成本。

- 保留费用：对关键人才实施的保留政策。

企业需要根据当前阶段的用人策略，有效增加和减少不同人力成本的投入。如果企业当前面临着行业内卷、增长乏力、成本过高的情况，那么通常企业在这个阶段是不太需要补充人才的，所以招聘成本可以显著降低。如果企业当前处于高速增长阶段，需要增加大量有经验的人才，以及提供比较多的即时上岗培训，则需要增加社会招聘成本和知识技能培训的投入。

第七节

强化文化管理，持续提升人效

企业文化建设对于中长期提升人效有着显著的作用，具体包括：

- 通过长期的文化建设，可以在企业内部建立信任和默契，进而大幅度提高沟通的效率，降低沟通成本。

- 好的企业文化，可以降低企业在制度建设上的投入，从而减少制度建设和管理的成本。

- 好的企业文化可以提升员工的敬业度，让员工在容易发挥优势的环境中工作，可以大幅提高员工的产出，进而降低激励成本。

- 好的企业文化也可以提升企业的雇主品牌，降低人才吸引和保留的成本。

……

美太咨询也非常重视企业文化建设，由于咨询行业的特殊性，公司把"学习"作为核心价值观之一。公司以"学习者为本"为宗旨，坚持以"使用学习型人才、创造学习氛围、提升学习能力、实现快速成长".的原则来管理和发展咨询顾问。基于成人学习的7-2-1原则，美太咨询构建了系统的学习体系。70%的在岗训练基本上由项目经理承担主要责任，因此，美太咨询在选拔项目经理时，把能带人、会带人作为必要的选拔条件；20%的交流学习，美太咨询坚持在全公司范围内每个项目必总结、必复盘、必分享，并实现团队间的相互交流、相互学习和相互借鉴；10%的知识学习，美太咨询构建系统的职业发展体系和学习地图，保证顾问在每个级别、每个阶段都有对应的学习内容，做到年年有进步，步步有收获。美太咨询的"学习者为本"的文化，确保顾问可以实现有价值的快速成长，并在业内基本上达成"美太咨询是一家可以真正学到东西的咨询公司"。

第三篇

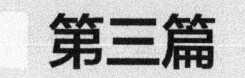

人效体系的
落地实践

第七章

人效体系落地
举措

在人效体系建设完成之后，企业还需要有步骤有路径地将其落地。只有建设有效的落地机制，才能体现出效果，才能让人效体系在企业发展过程中持续发挥价值。因此，体系设计之后落地的机制设计同样非常重要。

在整个人效体系落地过程中，可以这样进行分工。

1. 企业高管：倡导、管控、决策

人效体系的真正落地需要企业高管的重视和支持，不仅需要在企业内部倡导提升人效、厉行节约的理念和目标，也需要对人效体系建设进行指导和管控，快速对影响企业人效的改善措施进行决策。企业高管还需要对企业的整体人效承担首要责任，主动推动商业和组织层面的转型和变革来提升人效，并支持构建长期的人效体系建设。

2. 部门管理者：主责、管理、持续改善

部门管理者是部门人效提升的第一责任人，需要清晰地理解人效管理的价值和意义，引导部门员工对人效建设达成共识；同时需要具备诊断部门人效问题的能力、识别关键问题和原因的能力、优化组织、机制和人才的能力。

3. 人力资源管理部门：引导、组织、交付

人力资源管理部门需要引导部门管理者提高对人效管理的重视程度，组织部门管理者关注、了解、学习人效管理的内容。同时，人力资源管理部门也需要关注人力成本和人力配置的有效性和合理性，并以人效为抓手和监测点，提升组织管理的健康度、组织运行的高效

率、人力规划的正确性、人才质量的高密度和自身人力资源职能的影响力。

4.员工：了解、配合、执行

员工需要了解人效管理的目标，加强对人效管理的正确理解。同时，员工需要不断提高自身素养和执行力，积极配合企业各项举措的落地。

那么，落地的具体举措包括哪些呢？

第七章
人效体系落地举措

第一节

落地举措一：统一人效管理理念和目标

通常，企业整体的人效提升项目由人力资源管理部门牵头，但最重要的是，需要让企业领导者对人效提升项目有一个正确的认知。一般来说，领导者都会认为人效是有必要的，但对于如何提升人效存在一定的误区。例如，人效提升就是裁员，人效提升就是降薪，短期内就可以实现项目目标，仅仅需要人力资源管理部门就能完成，但实际上并不是这样的。

所以，首先要让领导者达成一个必要的共识，即人效体系的建设与落地是一个全员参与、自下而上和自上而下的过程，也是全体员工需要持续投入的一项工作。领导者需要认识到，人效体系的落地是一项对企业竞争力提升、业务部门竞争力提升均存在影响的工作，有助于团队、员工、人力资源管理部门多方共赢。

另外，员工对人效的正确理解也非常重要。多数领导者都会有这样的希望：员工能够理解企业的目标，能够想在自己前面，做自己喜欢的事情。因此，团结统一是实现团队高效、高能的关键，也是方案或措施有效落地的关键。

那么，如何做才能统一理念呢？想要解决理念的问题，需要做到四个"统一"：

（1）思想认知统一。对人效有正确的认知，相互协作提升人效，掌握提升人效的工具和方法。

（2）目标方向统一。没有目标的团队是无法存活的，目标就是团队存在的意义，也是每个成员为之奋斗的理由。为团队设立目标，只是第一步，接下来才是关键的一步，把员工的目标统一到团队目标上。只有让每个员工都认同团队目标，并为此不懈努力，才能推动团队发展。因此，目标方向统一是团队发展的基础。

（3）组织行动统一。行动是检验团队协作能力的重要标准，体系落地不仅是需要思想统一，更需要成员之间协调配合。只有行动统一有序，整个流程才能更加流畅，各个环节才能将自己的作用发挥出来。之前提到过，人效提升不是一个人力资源管理部门能够完成的事情，需要各个部门共同配合，那么全员的行动统一同样决定了项目能否成功。

（4）行事准则统一。准则是一个团队的底线，是每个成员的行事准则，让成员知道什么该做、什么不该做，如此团队才能进入良性运作。不然，总是突破底线行事的员工，总有一天，他会让团队偏离最初的轨道。这对于任何企业来说都是致命的，对于人效项目的成功也更为重要。

为了能够更好地做到上述的"四个统一"，本书提供两种方法供读者参考：组织研讨会和开展行动学习。

一、组织研讨会

真正有效的人效提升决策都要考虑到企业的发展阶段、面对的问题、未来的目标和战略、领导特点、优势等。如果直接照搬其他企业的做法，经常会造成"水土不服"的现象。组织研讨会是一种非常好的方法，它使每位参与者都可以基于对企业的了解，贡献自己的一份力量。一场针对人效提升的组织研讨会能够解决以下几个问题，从而快速赋能管理团队并统一思想：

（1）企业管理团队快速统一人效的理念和目标。

（2）管理团队在商业、组织、人才等维度上对人效问题进行建设性讨论。

（3）管理团队就人效议题达成共识并确定可靠的行动计划。

（一）建立共同的思维框架

思维框架是指对问题、事务进行思考、表达时运用的结构化思维方式。在讨论人效问题前，组织者需要确定思维框架确保参会人员在框架的基础上对人效问题进行拆解和思考，直面问题，防止研讨会偏离主题。常见的思维框架包括：

What-Why-How分析法：从是什么、为什么、怎么做三个角度对问题展开分析。探讨某个现象时可以按照这个顺序进行分析和阐述。

5W2H分析法：通过5个W开头的英语单词和2个以H开头的英语单词进行提问，细化问题内容，为进一步解决问题指明方向的常用框架：Why（何因）、What（何事）、Who（何人）、When（何时）、Where（何地）、How（如何做）、How much（何价）。在明确任务目标时，使用框架对任务涉及的时间、地点、人物、花费等关键因素进行一一考量，避免任何关键因素的遗漏。

SMART分析法：从明确性（Specific）、可衡量性（Measurable）、可达成性（Attainable）、相关性（Relevant）和时限性（Time-based）五个方面对目标进行设定的方法，可以用于制定团队目标和个人绩效。

PDCA分析法：又称戴明环，是将质量管理分为四个阶段，即Plan（计划）、Do（执行）、Check（检查）和Act（处理），通常用于方案或计划的实施、监控和改进。

基于共同的思维框架，按照步骤讨论：

（1）人效现状及差距分析。

（2）评估这些差距，识别原因和问题。

（3）确定人效目标，评估其与组织的战略诉求是否匹配。

（4）从人效出发，澄清人效提升后的业务战略。

（5）整合人效关键举措，包括关键人员、周期等。

（6）预测中长期的人效结果，分析举措的合理性和可实施性。

思维框架可以根据实际情况进行微调，但一定要在召开研讨会之前确定。共同的思维框架以及明确的讨论流程可以帮助参与者在探讨问题的时候，条理清晰、有逻辑地考虑和衡量议题。前三个步骤是聚焦过去和现在，复盘和发现企业存在的问题；后三个步骤聚焦未来，从未来需求出发，以终为始，规划达成企业目标需要哪些措施。

根据很多项目经验，我们发现很多管理者：

- 谈组织问题，结果谈成了人的问题。

- 谈组织诊断，结果变成了人才盘点。

- 定组织举措，最后都是人员变动和架构调整。

……

建立一个共同的思维框架和讨论流程能够让管理者在探讨的时候不偏离主题，找到人效管理的根本原因和重要实施步骤，而不是最后停留在"都是人的问题""如何裁员"这样比较浅显的层次上。

（二）具备对话能力

研讨会需要参与者具备一定的对话能力，在表达清楚的同时也要和他人进行积极探讨。好的对话不是相互否定，证明"我对、你错"，也不是讨价还价，最后"各让一步"。好的对话要求对话者共同分析问题，了解每个人的想法，通过大家的集思广益，让好的观点和决策涌现出来。因此，在组织研讨会时，通常会鼓励参与者通过

"大胆发言"和"积极探讨"这两种方式进行对话。

1."大胆发言"句式示例

- 我的感受是……

- 我的观点是……

- 我观察到的事实或数据是……

- 我是这样得出我的观点的……

- 我建议的决策和行动是……

2."积极探讨"句式示例

- 我想确定一下,你刚才说的是……意思吗?

- 你有相反的事实、数据或结论吗?

- 让我们来分析一下我们的结论为什么不同?

- 请问得出这个结论的依据、数据、逻辑是什么?

（三）结构化输出

一般来说,找到问题比较容易,但制定人效相关的举措、形成具体的行动计划比较难,但更重要。所以,每次研讨会都需要以统一的目标作为关键输入,以行动计划作为关键输出,否则丧失了研讨会的大部分意义,久而久之也会让研讨会变成形式主义。因此,研讨会需要一个重要的产出物,围绕企业的战略目标和重点阶段目标,也就是人效提升，制订关键举措和具体的行动计划。

（四）有效引导

有效引导能够让研讨会高效、愉快、顺畅地进行。引导者需要具备较强的控场能力和引导能力，可以由企业领导者担任。但当企业领导者承担引导作用的时候，可能会降低领导者作为参与者的贡献程度。因此，引导的职能可以选择一位具备丰富研讨会经验的"第三人"来实现。

外部顾问经常会扮演引导者的角色。为了更好地促进参与者共同研讨，引导者可以从以下四个方面进行干预：

（1）搭建结构。协助完善讨论结构、思维框架等，帮助参与者理解讨论步骤等。

（2）提供素材。呈现具有参考性的项目案例等。

（3）调节氛围。在参与者发生你对我错的无效争论的时候，调节研讨氛围（有外部人在的时候，领导者还会有所顾忌）。

（4）引导思考。对讨论过程或结果进行提问，提升领导者讨论的输出质量。

二、开展行动学习

行动学习是将解决问题和学习相结合的学习方式，也就是我们常说的"在实践中学习，在学习中实践"。

行动学习包含学习、质疑、反思、执行等内容。其中，学习指的是学习新知识或在原有知识的基础上进行深化，通过对新学习的内容质疑与反思后，对原有模式进行调整并制订对应方案，最后付诸实践的一个过程。跟传统培训不同，行动学习往往需要动用较多资源。从提出问题阶段到解决问题阶段和复盘阶段，都需要和业务部门甚至企业高层有深入的合作，因此，开展有效的行动学习能够促进企业自上而下地统一理念。

那么，行动学习项目应该如何开展呢？

通常，行动学习项目包括五步：选择课题；建立小组；制订项目计划，拟定项目周期；执行项目；复盘与分享。

（一）选择课题：好的课题是成功的开始

既然问题的解决是行动学习的出发点，那么提出一个优秀的问题就显得尤为重要。国际行动学习协会发起人马奎科提出，可以依照以下五种特征，筛选行动学习课题：

（1）是否具有突出重要性。

（2）是否复杂而紧迫。

（3）是否困难，具有挑战性。

（4）是否具有可实行性。

（5）是否问题的解决过程能提供学习机会。

越符合以上五种特征的问题，越适合行动学习。对于人效提升项目，企业可以从人才策略、人效体系、与商业链接、与组织链接、与人才链接几个模块来选择课题。

（二）建立小组：形成好的学习小组

确定行动学习的课题后，就该确定行动学习的学习成员了。行动学习分组时需要评估候选人的资质及其多样性。行动学习依靠的是集体智慧，不同成员对同一问题的不同理解与观点，是促进相互学习、创新解决方法的前提。在组建学习小组的时候需要重点考虑：

（1）成员背景的多样性。

（2）专业知识的多样性。

（3）组织来源的多样性。

（4）学习风格的多样性。

根据行动学习课题拟定成员名单，通常20~30人的效果会比较好。经过项目小组评估后，需要对学习成员进行分组。一般每组5~6人，建议不多于7人。每组指派一名学习小组组长，因为设立一位行动学习领导者对整个学习项目的高效运转有很大帮助。业务部门经理级人员是比较合适的人选，一方面他们对内部资源有整合调配权，拥有丰富全面的专业知识和实践经验；另一方面他们有业务问题需要解决，对行动学习后续落地举措也有非常重要的影响。

（三）制订项目计划，拟定项目周期

常规的行动学习项目一般持续3~6个月。

1. 集中期

一般为8天左右，包含启动会1天、集中授课2~3天；中期辅导2~3天；成果汇报1天。整个过程持续1~2个月，其中，中期辅导可以由外部顾问或内部专家完成。

2.非集中期

为避免学员对项目有所松懈，需要制定周期表以保持项目的黏性。

（1）通过跟踪机制，保证各小组定期会面。根据实际情况每周一次或每两周一次。

（2）组长进行定期反馈，定期汇报对项目的修改方案与补充方案，定时跟踪方案的落地情况。

（四）执行项目

一般来说，行动学习项目的执行步骤包括搜索、讨论、提出方案、行动。

（1）搜索。收集解决问题的背景资料、相关数据等。

（2）讨论。花足够长的时间用于问题的分析和讨论。

（3）提出方案。针对问题，经由学习小组共同研讨出解决方案。

（4）行动。选择试点，先小范围实验方案的可行性，后成立执行小组，实施计划。

执行这些步骤，往往需要学习小组对问题所在的业务部门进行深入调研，因此需要赋予学习小组一定的权限——查阅相关资料（如财务报表等）的权限。因此，只有获得高层的权限批准，获得业务部门的支持，行动学习项目才能顺畅执行。

（五）复盘与分享

完成项目的执行后，还需要所有学习成员对整个行动学习进行全方位的复盘。

需要总结：行动学习问题解决的效果、解决问题过程中的经验、讨论各学习小组的解决方案的优点和不足等。

（1）评价：自我评价以及对项目的评价。

（2）建议：对行动学习项目的建议，对问题解决方案的建议。

（3）分享：分享个人学习所得，分享个人感悟。

传统行动学习大体包括以上五个步骤，企业可以根据不同的培训课题或项目进行适当调整。

第二节

落地举措二：构建人效提升的激励评价机制

通过构建人效提升的激励评价机制，企业整体会受益，并让人效提升工作持续进行。为了控制成本、提高投入产出比，需要业务部门积极配合，承担更多的管理工作，分配一定的精力来配合人效体系的落地。因此，企业需要构建一定的激励评价机制以促进业务部门的持续投入。构建激励评价机制的逻辑，简单来说就是，在确定某个改善目标的基础上，围绕目标建立考核标准，要么获得更多利润，要么减少成本，再将获得的利润或节省的成本中的一部分拿出来分给各个部门。一般来说，人效提升会让人员淘汰或者重新配置，赋予业务部门或职能部门负责人一些分配的权力，给留下的人员一些补偿性激励，这样就可以对人效提升工作形成正向的、长期的牵引。

第一个是激励机制，主要是围绕人效结果展开的。简单来说，就是哪个部门节省了成本，就拿出一部分资金作为奖励，以确保部门人效提升的持续性。例如，对于生产板块来说，如果年度累计人工费率小于年度目标人工费率，且实际人力成本小于目标人力成本，那么可以按照一定比例设置奖励金额；如果年度累计执行人工费率大于年度目标人工费率，那么超出的部分就可以按照一定的比例进行扣罚。

第二个是评价机制。企业可以给每个业务部门或业务板块，包括分子公司，约定一个目标，通过分析明确准确目标后再赋能。最后共同设定评价标准，同时配套设计一些激励机制，并达成一定的共识。

从长期来看，在条件允许的情况下，企业可以尝试构建人效分析工具，利用数据化的方式来做持续的改善。工具中除了人力成本的数据，还需要包括业务数据、财务数据等，以进行全面的人效分析。人效分析工具大体可以分为以下四种：

（1）标杆分析对比。包括内部标杆、外部标杆。要求企业确定一些关键指标，且这些指标是可以定期收集到的。

（2）投产比分析。人效的结构指标有变动之后，企业一定要找到变动的原因。

（3）人效趋势预测。通常是用回归线、趋势线去做一些回归趋势的分析，也就是数据分析、数据预测。

（4）人效管理。上述三个工具主要集中在数据分析。企业根据数据分析的结果，选择一些提升人效的工具、方法，赋能给各个业务部门进行人效管理。

利用人效分析工具去构建激励评价机制将更能贴近企业的实际情况，也能让相关机制更加有效。

第三节

落地举措三：建立人效指标的持续优化机制

提起人效指标，我们通常想到的是工资费用率（或称为人事费用率）（工资费用率=工资成本÷营业收入额×100%），它反映了人力成本与企业收入的比值；人创绩效（人创绩效=销售额或毛利率÷人数），它反映了人均效益；工资人效比（工资人效比=平均工资的增幅÷人创绩效的增幅），它反映了人效的高低。如果员工工资增长，但是人效还在下降，这就说明人力成本一定在不断地走高。这种情况一旦发生，就像癌细胞被发现要赶紧切除一样，如果还不切除就会不断扩散。

不同行业的工资费用率不尽相同，决策者需要关注本行业平均工资费用率水平，以便作为本企业人力成本管控的参考标准。一旦临近这一标准，往往就需要采取人力成本控制措施。

但这种成本控制的视角实际上是静态的、笼统的，单纯将企业的工资费用率水平控制在行业平均水平线上，并不能说明企业人效水平良好。因为企业没有从动态的角度考虑人力成本投入所带来的收益，也没有考虑人力成本的投资质量。因此，持续检测和动态优化人效指标是非常必要的。

我们可以通过构建人效数据平台来持续优化人效指标，B公司人才智库项目（Talent Intelligence Center，TIC）值得我们学习。TIC充分利用B公司在人工智能和大数据方面的天然优势，创建了国内首套完整的基于大数据的智能化人才管理综合解决方案。智能化人才管理系统在B公司实施以来，不仅大幅提升了人力资源管理部门的工作效率和准确度，在人才选拔和匹配、舆情掌握以及人才挽留预测等方面也取得了创新突破。

在没有模板或先例的情况下，TIC团队从业务场景入手，与人才管理专家以及不同背景的B公司员工多维沟通，以超过10万条内部员工数据（历史+在职）与海量多源外部公开数据为基础，从2015年起创建并提供了国内首套智能化人才管理综合解决方案。凭借TIC科学的理论模型，B公司能以更加量化客观的衡量手段，从人才、组织和文化三方面来践行"让优秀人才脱颖而出"的人才管理理念。

作为"空降"到传统人力资源管理部门的一支技术团队，TIC仅在短短一年内，就深入一线，与B公司人力资源的所有职能团队无缝衔接，覆盖招聘（Staffing）、人力资源合作伙伴（HRBP）、薪酬福利（C&B）、员工发展领导力培养（Leadership Development）等全部目标人群的重点业务，TIC的重复使用率以及连续使用率超过90%。

TIC研发的智能化人才管理系统（见图7-1）主要作用于人才、

组织和文化三方面，包含"智·管理""智·来往""智·族谱""智·舆情""智·人物""智·选才"六个功能模块。

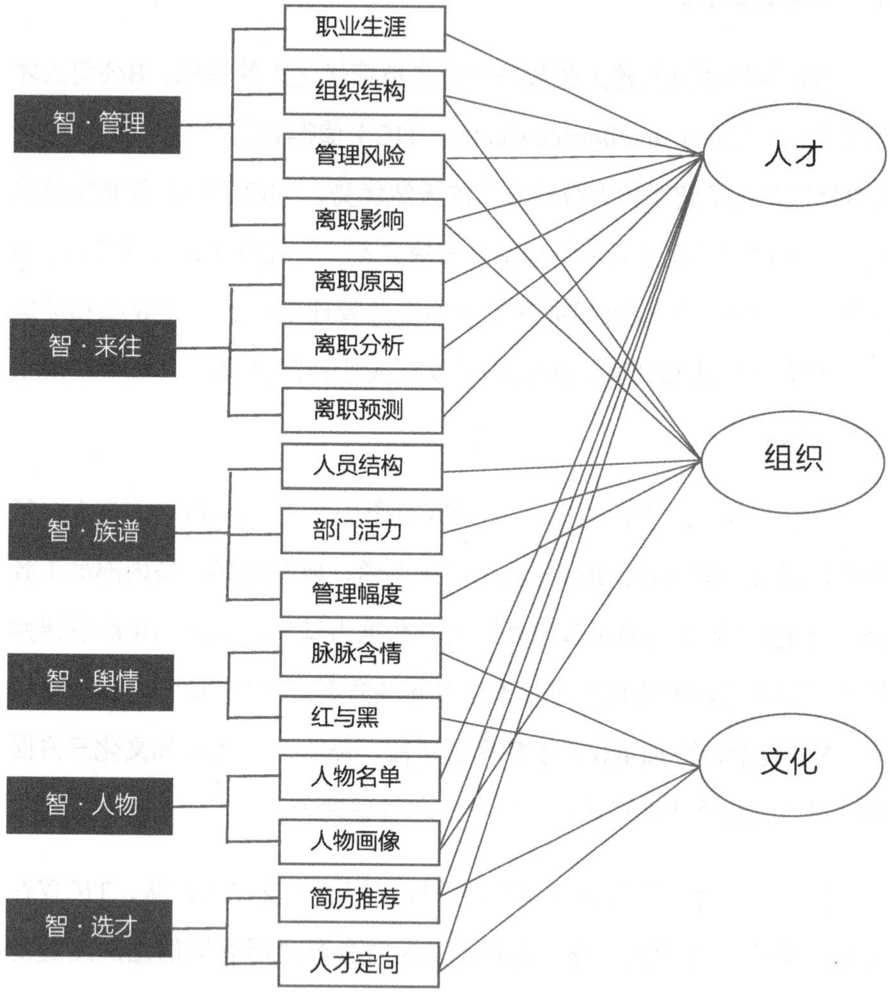

图7-1　TIC研发的智能化人才管理系统

从现在的趋势来看，利用大数据进行智能化人才管理是顶级技术驱动的商业蓝海。基于海量数据，通过精准机器学习和算法，建立科学的人效指标体系，能够为企业提供完整智能化人效提升解决方案。

鉴于此，我们在一些方案设计时建立了数据平台，帮助企业实时监控相关数据，提前预警，提高企业运转效率。

项目案例一：某物业集团建立人效分析数据化平台聚焦人效提升效率的实时监测

在对该物业集团人效提升项目进行实施时，我们通过构建预算和人力成本管理模型，从价值创造链出发挖掘人效持续提升空间，同时，通过建立指标实时监控体系，实现动态监控和风险预警。

1. 分析人效降低的直接因素

掌握数据的目的是更好地优化人效提升，帮助企业把钱花在刀刃上。当企业的员工能够创造高人效、高价值的时候，人再多也不怕。因此，在分析人力成本时一定要掌握营业收入、成本费用、团队人数三个基本数据，它们也是影响人效的直接因素。

2. 提炼关键指标

通过分析人效降低的三大直接影响因素，我们为该物业集团提炼了可以计算和监控的指标，如图7-2所示。

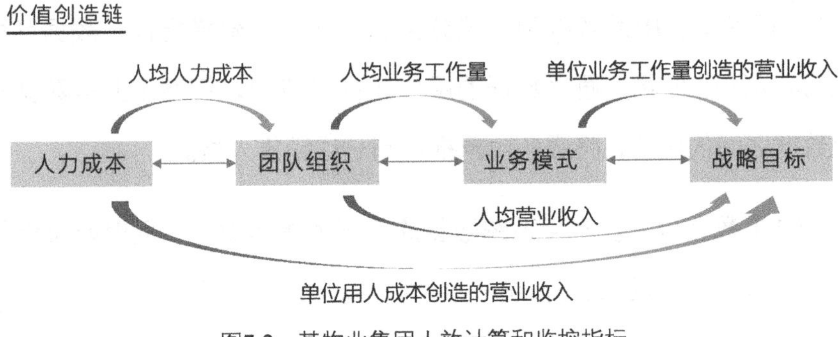

价值创造链

图7-2　某物业集团人效计算和监控指标

结合关键指标，绘制价值创造链，这样该物业集团需要检测的数据就非常明了了。

3. 改善与检测

有了上述这些数据，我们就能够清楚地分析和挖掘到底什么环节导致该物业集团的人效降低，并指导改善工作。在接下来的日常工作中，我们也要求人力资源管理部门对上述指标进行实时监测，及时反映关键指标的变化情况，及时发现问题环节，进行预警并提出相应的解决措施。

监测数据的过程就像做体检，可以发现企业存在哪些问题，因为数据统计出来之后不可怕，可怕的是，你不知道问题出在哪里。例如，你身体不舒服，但是你不知道问题出在哪里，不知道从哪里去改变，这个时候才是最可怕的。

项目案例二：某互联网平台企业建立"人、店、房"为核心的BI系统和组织效能指标体系

该企业建立BI（Business Intelligence，商业智能）系统框架需要进行层层推介，通过数据逻辑重新处理企业的核心要素指标，构建重点业务数据模型。BI系统框架主要分为数据接入、建模指标、数据可视化、应用四个步骤，通过数据的层层递推和应用，打通了业务数据和HR数据之间的壁垒，将服务对象推广到一线销售人员。

（1）数据接入。利用系统数据库，导入本地数据，同时收集外部相关数据，打通底层数据，统一数据口径。

（2）建模指标。当前很多企业的数据分析还依赖ERP报表和Excel，属于站桩式看数据，无法深入挖掘数据的业务价值；通过建立指标管理体系，进行数据的可视化建模、SQL建模和跨源建模，并进行数据探索，发挥数据的最大价值。

（3）数据可视化。对数据进行可视化处理，打造成数据分析应用产品，在移动端、PC端、大屏端赋能给终端用户。

（4）应用。为终端用户的应用运维场景提供配置数据，满足日常需求。

该企业利用BI系统框架建立了组织效能指标体系（见图7-3），指标基本覆盖人、店，经营结果与HR的工作做了有效链接，业务运转效率得到了实时监控。

效率		规模		品质	
店数	店均业绩	店	门店数	销售人员学历	入职本科率
	店均GMV		店均销售人数		在职本科率
人数	人均业绩	人	销售人数	销售人员流失	流失率
	人均GMV		销售人数净增长		新人流失率
					本科流失率
利润	利润率		本科销售净增长	销售管理干部	在职本科率
					储备率
	人力成本占比		成熟经纪人占比	职能人员	职能支持比
					重点院校率

注：GMV 一般指商品交易总额。

图7-3　组织效能指标体系

目前，几乎所有企业都会关注人效问题，也有不少企业采用各类人力资源管理措施试图提升人效，效果却不尽如人意。究其原因，企业实际上未能有效衡量人效水平，也未能找到人效不佳的根本原因，管理措施更没有做到对症下药。由此可见，建设科学、合理的人效指标体系并配套人效提升措施应成为企业人力资源管理工作中不容忽视的重要环节。上述案例，希望能够给读者一些启发。

第四节

落地举措四：综合运用情理法处理员工关系

一、合情合理合法地处理人员调整和政策变动问题

在人效体系最终落地的过程中，企业难免会面临人员的分流、淘汰、调岗或制度调整等问题。例如，调整薪酬结构或者降薪。我们认为，在处理类似问题的时候，企业应尽量做到合情、合理、合法，按照情理法顺序进行处理。如果能够在感情层面达到一致，就尽可能不去谈理或者谈法。如果能够在社会公理层面讲清楚，就不要用劳动法去对簿公堂。在情、理之后，再去使用法律手段才能有效处理劳动争议。

有些企业因为效率问题，直接按照法律规定去做补偿也未尝不可。但是，这种做法可能会让员工觉得企业没有人情味，从而对企业的雇主品牌产生负面影响。一般来说，大多数人的职业生涯都是在一个行业里，或者在一个相对比较窄的范围内。同行之间只要询问两三个人，基本上都能打听清楚某个企业的情况。所以，离职的、被末位

淘汰的员工，基本上都还会在同一个行业内。虽然有竞业限制或者法律上的保障，但如果员工离开得很不开心，或者个人存在一些问题，则不排除其可能做出一些伤害企业的事情。这甚至对供应商、客户、公司业务也会产生一些影响。中国又是一个特别强调人情的国家，所以我们通常还是建议按照合情、合理、合法的顺序来处理人员调整和政策变动问题。

新东方就是一个非常好的案例。2022年年初，新东方辞退6万员工的新闻铺卷而来。作为老牌的教育机构，2021年新东方遇到了太多的变故，导致市值下跌90%，营业收入减少80%。在这样的情况下，新东方用了大量的费用和方法去安抚员工，辞退员工6万人，退学费、员工辞退$N+1$（赔偿）、教学点退租等现金支出近200亿元。随着时间的推移，业务转型后新东方再次获得了成功，带领一群优秀的人才转战直播行业，掀起了"文化带货"的新浪潮。这时新东方没有忘记老员工，一条"回家召集令"又让新东方爆火了一次。新东方面向所有离开新东方的老师发出职位邀请，邀请他们"回家"。这样的做法尽显企业文化的大格局，落魄的时候安顿好了所有老师，东山再起的时候也想着他们能回归。同样，这也说明了一个道理，那就是，有温度才能留住人才。

新东方召集老员工回家在社会面是比较有影响力。即使那些离开新东方的员工，也仍存在着很深的感情，这类员工不仅会为企业推荐业务，也会为企业推荐人才。所以，我们认为企业在处理类似问题时应该按照情、理、法的顺序进行。情、理、法三者相辅相成，只有彼此通盘考虑，相互消除冲突，才是最理想的落地过程。

人效的项目最后一定会落到裁员上。因此在解决人的问题时，我们要遵循"情理法"的原则。为什么？因为你永远没办法改变一个人，或者叫醒一个装睡的人。如果你想解决人的问题，就要先打感情牌，攻心为上。

"情"是从感性的层面出发，是从人的情感、关怀、所处环境中体现出来的。首先是中国的人情文化。情感因素会深刻影响我们的思想和行为，在裁员过程中，企业应优先进行适当的引导，晓以真情，注重与员工之间情感的维护，安抚好员工的情绪可以为顺利裁员创造条件。其次是企业的人文关怀，主要体现在企业的补偿和援助方面。合理的补偿措施以及充分考虑员工后续的发展，能够体现企业的人文关怀，同样能够在一定程度上安抚好员工。最后是所处的环境。企业帮助员工正确看待企业所处的状况，不回避、不躲闪，以恰当合理的方式化解可能产生的纠纷，选择员工更容易接受的方式开展工作，有利于规避裁员带来的各种风险。

"理"可以有两种解释，一是要求工作人员具有理性思维，也就是具备"道理"，二是工作人员尽力争取员工的理解，"料理"好工作。大家都知道，裁员不是一件容易的事情，可能有各类事情发生，那么就要求我们的工作人员时刻保持清醒的头脑，按照规章制度行事，否则可能出现由于思路混乱而产生错误判断的情况，进而影响企业的利益。另外，工作人员要努力争取得到员工的理解和支持，裁员过程中出现的矛盾和纠纷需要工作人员灵活应变，公平处理，以赢得员工的理解。在相互理解的前提下，工作人员说清楚各种原因以及处理方式，从道理上获得员工的认可。

"法"代表秩序和制度。裁员过程中工作人员需要做好两种角色：引导者和捍卫者。引导者是指引导每个人遵守企业制度、企业遵守相关法律，合法地完成裁员的过程。捍卫者是要求工作人员以"法"制人，如果遇到某些员工软硬不吃、油盐不进，那么还有规章制度和法律来约束。

通过情、理、法这样的顺序来处理员工关系，企业能够最大限度地缓解裁员可能带来的纠纷和风险，同时更好地维护企业的口碑，在企业业务转好后，人才也更愿意回到老东家。

我们在帮助客户进行人事变动或人员淘汰时会建立一套体系。例如，构建面谈小组，准备面谈术，处理人员差异化分配，流程相关的部门、岗位、需要参与的过程设计得比较清楚。这样的办法实际执行起来会更加顺畅，尽可能"不打无准备的仗"，减少这个过程中可能产生的一些无谓的争议或风险。因此，即便裁员，我们也希望更加合理，不要伤筋动骨，更不要企业与员工"一别两宽"。那么，在裁员过程中，具体应该做好哪些准备呢？

可以按照以下几个步骤开展工作：

（1）选好面谈小组成员。

（2）准备面谈流程、资料、数据。

（3）提前计算补偿并准备结算现金。

（4）确定工作交接、资料转移的方式。

（5）处理应急事件。准备好急救中心和安全部门的电话，做好应对突发情况的预案。

通常，在做人效项目的时候，我们也会拉上团队中的劳动法专家一起来做项目交付。

（一）面谈小组组成和分工

（1）HR。主导面谈流程，把控节奏和流程；说明裁员的原因及经济补偿；安抚员工的情绪，解答员工的疑惑；讲解协议的关键内容及离职关键手续。

（2）用人部门。开场，介绍团队及沟通主题；安抚员工的情绪，解答员工的疑惑；理性分析，给予建议。

（3）外部顾问/内部专家。解答员工对法律相关条文的疑问；在有必要时，对HR、用人部门的回答进行补充；记录当天面谈的执行情况，用于反馈和总结。

（二）面谈流程

1. 介绍团队，摆明主题

开门见山，直接切入主题。首先介绍参与面谈的成员，以及主要沟通内容。这里需要注意的常见误区有以下两点：

（1）不要假意避重就轻谈一些天气或其他轻松的话题，也不要过多寒暄，因为拖长时间往往会给员工以讨价还价的错觉。

（2）切忌采用"因……的原因，公司希望与您解除劳动合同"的句式。开场应首先说明沟通主题是"协商一致解除劳动合同"，语气要坚定，暗示这次决定是已经做出并且经管理层同意的，是不可变更的。

2. 阐述理由，说明补偿

表达企业当前所处的困境，说明裁员理由、企业依据法律法规向员工支付的补偿（包括补偿金额度、补偿金计算方式、推荐信、失业保险等）。这里需要注意的常见误区有：

- 不要主动提及员工工作表现。若谈及员工优秀，而现实是被辞退，这会让员工很压抑、很不满；而言及员工工作如何不行，又容易使员工产生挫败感，甚至衍出"为什么我绩效不佳""×××的绩效为什么比我好""绩效是怎么评的""绩效体系不公平"等一系列问题。如果以绩效表现不佳为由，员工便有了更多讨价还价的空间。

- 不要告诉员工，谁也在此次辞退（裁员）之列，以此希望他心理平衡并坦然接受。这样做是不可取的。因为裁员（辞退）计划不是公开的，这样做可能导致企业内部流言四起，影响军心。

3. 安抚情绪，解答疑惑

给予员工发泄和表达情绪的时间，可以适当表示理解员工的感受，解答员工的疑惑，但不需要直面回答员工所有的问题。例如，你对上述的说明或解释是否还有疑问，是否有需要再解释的地方？

4. 理性分析，给予建议

待员工稍稍冷静下来，或者过一段时间后，尽量安抚员工，分析员工接受的好处和不接受的坏处，并给予建议。

- 对就业能力强的，可以强调职业机会和职业发展平台；对就业能力弱的，说明企业给出的推荐信、经济补偿金、解除劳动合同证明（用于申请失业保险）、对员工过渡期的保障性。

- 对年龄大的，可以适当强调补贴和失业保险金的丰厚；对年龄小的，强调职业竞争力和企业背书（推荐信）。

- 对司龄长的，可以动之以情，说明企业目前的困难和对其过往贡献的感激；对司龄短的，可以晓之以理，客观阐述企业的经营情况。

- 对技术性岗位，强调职业机会和职业发展平台；对非技术性岗位，强调春节前后工作机会较多。

- 对性格外向的，适当给予其发泄的时间后再进行安抚和引导；对性格内向的，注意观察其身体语言和微表情。

5. 讲解协议，指引流程

向员工介绍协商解除劳动合同协议的关键内容，如果员工表现得不是非常抗拒，则现场签约，并说明离职交接的流程、时间要求；如果员工有异议，则说明决策截止时间和离职交接的流程、时间要求。

关键点：

- 要向员工介绍整体协议的要点，不要让员工自己看，尽量不要让员工拿走看。

- 协议都是按照法定条例撰写的，不存在不合法或剥削员工的情况。

- 不要和员工讨价还价，面谈官只是在执行企业的决议。

- 面谈官没有权利改变协议的任何内容，当无法进行谈判时，可寻求统筹领导小组的帮助。

- 如果员工无异议，能当场签，就当场签。

6. 礼貌结尾，表示感谢

代表企业对员工长期以来的贡献表示感谢；对员工的心情表示理解，希望员工好好考虑，有问题可以再找面谈小组沟通；结束后整理面谈情况，汇报集团，看是否需要调整面谈策略，进行第二轮面谈。

调整面谈策略需要注意以下几点：

- 盘点是否存在过失性行为（如违反规章制度、营私舞弊等行为），若有，可向其说明协商解除和过失性辞退的差别（过失性辞退仅需提前一个月通知或补偿员工一个月的工资，无须支付其他经济补偿）。

- 可由更高级别的领导，如中心负责人或高层，进行面谈沟通。

- 可与其谈判，调整赔偿金额（需向集团申请，不建议在第一轮沟通中采用）。

- 可暗示企业经营若持续恶化，造成严重困难，可能将调整员工岗位，或者以经济性裁员或重大变化的相关法律，单方面解除员工劳动合同。

（三）面谈流程总结

该做的：

- 清楚面谈的目的。

- 会议长度不应超过20分钟。

- 讲话时清晰、简洁，令人信服。

- 乐于倾听，通过倾听使沟通继续下去，在开始下一段讲述前先停顿一下。

- 允许员工做出响应。

- 解释清楚当前的程序和员工权益。

- 对下一步该做什么和当天余下的工作有清楚的认识。

不该做的：

- 不要谈及私人问题，直接切入主题。

- 不要谈及其他员工或者进行比较。

- 不要说你也不赞成这样的决定。

- 不要谈及个人的工作能力表现/过往问题或者做出评论。

- 不要说类似这样的话："天知道我又还能在这儿待多久。"

- 不要就裁员计划进行协商，也不要说不赞同这项决定。

- 不要说员工的工作不重要。

- 不要提及自己和自己的感受。

二、通过员工关系中的"拟签管证"，构建长期可持续的 HR 风险体系

拟、签、管、证是员工关系管理的四个核心要素。

在这四个管理要素上，存在以下管理风险和管理问题。

1. 拟：存在风险漏洞且缺少解决方案

用工风险管理体系不健全，当纠纷发生、付出代价时才想到预防。同时，企业与劳动者利益难以平衡，无法以双方都接受的方式解决实际问题。因此，出具的合同、标准文本、制度文本、合同文本要规范，要合法合规。

2. 签：工作效率低且签约成本高

合同签署量大、类型多、签署范围广，人工处理不及时。同时，合同、文书的填写、快递、回收、检核、盖章、分类、归档、作废、

销毁耗费大量的时间与金钱。但是，仍然无法规避错签、漏签、代签等问题。因此签约占比要高，百分比要高，特别是劳动密集型企业，要提高签约的效率、质量，不要存在没有签订的情况。

3. 管：进度难跟进且过程易失控

管理过程和结果无法时时掌握，人力资源管理是一个动态过程。以办理入职手续为例，按照传统方式以员工资料递交、签署完毕、员工信息录入公司系统为准。办理进度只掌握在经办人手中，无法时时监控办理的进度、遇到的问题。因此，管的重点是过程中的数据要及时收集、整理。

4. 证：专业程度影响证据链的完整性

传统的人力资源管理线下操作过于依赖经办人的专业性、职业道德，线上操作均以固化流程为基础，以提升效率和操作规范性作为目标。这两种情况均未考虑管理过程记录的证据效力问题，在发生劳动争议时企业容易陷于被动地位。因此，证就是前面三个做好之后，未来员工取证会比较复杂，对企业比较有利。

通过建立完善的拟、签、管、证员工关系管理体系，可以预防大多数员工关系风险，从而实现有效控制员工关系成本的目标。

第五节

落地举措五：应用组织行为大数据

利用大数据是人效管理的"最后一公里"。在传统管理模式下，很多HR是凭借经验在工作，其业务价值难以衡量，这促使很多企业HR难以充分发挥管理者的角色。在现今复杂多变、信息量庞大的环境下，数字化的人力资源系统对于企业越来越重要，而经验对HR的作用越来越小，传统经验主义难以支撑业务战略，无法创造经营层面的价值。在新时代下，HR要充分发挥大数据的作用，由原来依靠经验进行管理向更加科学规范的管理方式转变。

从未来发展的角度来看，我们还可以通过构建组织行为大数据的方法去提升人效。这种方法是一个偏长期的规划。我们曾帮助一些企业做过一些类似项目。例如，我们曾经帮助一个集团公司提升其整体执行力，在影响执行力的一些关键场景中，利用有效传感器等设备收集组织行为数据。当然，这些数据的收集都是脱敏的，不会特定指向具体员工。通过收集这些场景中的员工行为和组织行为，识别影响组织执行力的一些关键要素。

这些场景包括工作场景和互联网场景，工作场景包括会议、汇报等面对面沟通的场景，互联网场景包括邮件流转、软件信息沟通等。在各类场景中收集组织行为数据，分析哪类数据与工作产出直接相关，哪类数据是冗余的，哪类是完全不相关的，哪些甚至是负面的，并把这些行为挖掘出来。在找到无效或负面行为后，通过一些管理办法或领导力辅导赋能的方式去纠正，可以在组织行为大数据层面大幅度提高人效。

例如，我们知道员工的工作时间一般是8小时，加班时可能达到10小时甚至更多。但这并不意味着员工的有效工作时间也在增加，反而那些加班越来越多的公司，其有效工作时间的比例越来越低。

通常，无效加班其实是对组织资源的极度浪费，它不仅会造成加班费、办公费用等的无效支出，也会影响公司整体流程的效率。通过对组织行为大数据的分析，其实组织可以很好地管理员工的有效行为，让员工在工作时间范围内可以有极高的投入度去做有价值的工作，减少这些无价值或者负面的工作，从而提升组织人效。在员工的工作效率改善后，员工就不需要花太多时间投入工作，从而实现员工与企业的共赢。在中国未来有竞争力的企业中，员工一定是少而精的，员工不需要拼命加班，只需做好有价值的事情即可。这样对组织有利，对个人也有利。

大数据的应用对人效提升具备以下三个关键作用：

（1）挖掘人才，降低成本。一方面，外部竞争人才成本高。其实，很多企业内部都隐藏着人才未被发掘，而借助人力资源数据可以帮助HR全面洞察员工的情况，通过档案、技能、绩效、培训、工作等信息可以真实反馈员工情况，并可通过数据库进行人才对比，帮助企业挖掘内部人才并培养发展成为骨干。另一方面，数据也能够帮助HR识别出那些绩效、工作等未能够满足企业要求的员工。通过数据提供的相应证据，可以为企业降低人力成本（裁员）提供重要依据。

（2）监测预警，及时改进。人力资源数据不仅用于表现过去和反映现在，还需要发挥监测预警作用。企业需要促进数据的监测常态化。常态化监测可以分为两种情况，一种是组织行为，另一种是个人行为。组织行为层面可以通过日常工作数据的监控来采集相关数据，如员工离职率增加、人力成本增加等。个人行为层面包括员工加班时间过长、员工沟通效率过低等各种异常数据，达到临界值数据进行预警，帮助企业及时发现管理问题并进行调整改进，保障企业长远稳定发展。

（3）数据预测，科学决策。由于没有准确的数据做支撑，以往很多企业在人力资源管理决策方面都存在很大的随意性，而人力资源管理中有很多数据对企业经营十分重要。例如，人员结构、核心员工流失率、人均人力成本、人力资本投资回报率等，通过分析这些数据的变化可以诊断企业经营状况，通过内外部的对比分析可以进行趋势预测，协助企业进行科学决策，让数据真正参与到管理中，提升企业在复杂环境下的适应能力。

大数据时代的到来，给企业的经营管理环境带来了很大变化，企业要借助新工具、以新视角来对待企业的人力资源管理。下面提供一个项目案例供参考——组织行为数据案例。

该项目的主要目的是识别沟通中存在的问题，挖掘沟通效率低下的原因，提高组织的沟通效率，进而提升组织效能。项目应用大数据的技术，搭建了信息收集平台，分析数据背后的逻辑和原因后再提出优化建议。相较于传统的访谈、观察等方式，利用硬件设施收集相关信息大幅度提高了人力资源管理部门的工作效率。首先，项目过程无须应用大量人力，HR的工作量会减少，耗时更短，效率也更高；其次，节省了项目过程中人力成本的投入；最后，收集到了更加客观、准确的证据（数据）和事实，为后续沟通机制的建设提供了准确依据。项目的整体思路如下。

1. 线上线下，采集相关数据

（1）利用外部设备采集线下沟通数据：通过蓝牙网关、穿戴设备等采集正式及非正式沟通中的相关数据。具体场景包括会议、办公区、食堂等。数据类型包括语调、时长、词频等。

（2）利用现有资源收集线上沟通数据：如邮件、公司沟通软件等。

2. 数据整理分析及补充

（1）根据场景分类归纳整理数据，提取不同场景下的关键词。

（2）按照部门分类后，对数据进行分析并进行数据可视化。

（3）通过访谈的形式，补充未能够收集的数据，如上下级沟通的风格与特点等。

3. 分析结果解读

（1）根据数据统计结果，将数据分析结果进行剖析，明确哪些是好的数据指标，并进行对比分析。

（2）找出沟通效率较高的部门的沟通特点。

4. 深入浅出，提出优化建议

（1）根据解读结果，针对性提出解决方案，促进沟通效率增加。

（2）确保优化方案的有效落地，通过数据再收集、访谈等形式进行后期跟踪。

通过员工佩戴手环，办公室、会议室布局网管，将员工正式沟通和非正式沟通的数据进行收集和汇总。后台进行动态的实时数据统计，包括沟通时长、关键词、语音、语调等相关数据。分析公司正式沟通和非正式沟通的特点，并提供有针对性的建议，优化沟通模式，确保公司各项工作任务的快速执行，消除沟通壁垒，增加管理效益。

在如今这个信息爆发式增长的时代，海量数据沉淀的背后是亟待挖掘的数据宝藏，人力资源数据体系的搭建也变得至关重要。聚焦于人力资源管理的角度，大数据赋予人力资源新的机会，也为人效提升提供了一种新的思路。企业利用大数据的优势，多角度获取人效分析数据，有效收集、整理、分析数据，将人力资源数据进行多维度、全景化的展示，并将其应用于人效提升项目之中，真正助力业务的发展，同时，也将大大提升人力资源管理部门的价值，驱动业务发展。

反侵权盗版声明

　　电子工业出版社依法对本作品享有专有出版权。任何未经权利人书面许可，复制、销售或通过信息网络传播本作品的行为；歪曲、篡改、剽窃本作品的行为，均违反《中华人民共和国著作权法》，其行为人应承担相应的民事责任和行政责任，构成犯罪的，将被依法追究刑事责任。

　　为了维护市场秩序，保护权利人的合法权益，我社将依法查处和打击侵权盗版的单位和个人。欢迎社会各界人士积极举报侵权盗版行为，本社将奖励举报有功人员，并保证举报人的信息不被泄露。

举报电话：（010）88254396；（010）88258888

传　　真：（010）88254397

E-mail：　dbqq@phei.com.cn

通信地址：北京市万寿路 173 信箱

　　　　　电子工业出版社总编办公室

邮　　编：100036